猎头
盈利之道

杨紫铭 著

内 容 简 介

本书由拥有20多年猎头从业经验的资深猎头撰写，以猎头公司创始人的独特视角，深入剖析了影响猎头公司与猎头顾问收入的核心问题，旨在帮助猎头从业者全面提升业务能力与赚钱智慧。

本书适合猎头公司老板、管理者、猎头顾问以及有志于进入猎头行业的人士阅读。通过阅读本书，您将深入了解猎头行业的盈利之道，掌握过硬的专业技能，同时熟悉猎头赚钱的门道，实现事业与财富的双赢。

图书在版编目(CIP)数据

猎头盈利之道 / 杨紫铭著. -- 北京：北京大学出版社, 2025.3. -- ISBN 978-7-301-35808-5

Ⅰ. F272.92

中国国家版本馆CIP数据核字第20259NZ378号

书　　　名	猎头盈利之道 LIETOU YINGLI ZHI DAO
著作责任者	杨紫铭　著
责任编辑	杨　爽　蒲玉茜
标准书号	ISBN 978-7-301-35808-5
出版发行	北京大学出版社
地　　　址	北京市海淀区成府路205号　100871
网　　　址	http://www.pup.cn　新浪微博：@北京大学出版社
电子邮箱	编辑部 pup7@pup.cn　总编室 zpup@pup.cn
电　　　话	邮购部 010-62752015　发行部 010-62750672　编辑部 010-62570390
印　刷　者	大厂回族自治县彩虹印刷有限公司
经　销　者	新华书店
	880毫米×1230毫米　32开本　9.5印张　226千字 2025年3月第1版　2025年3月第1次印刷
印　　　数	1-4000册
定　　　价	69.00元

未经许可，不得以任何方式复制或抄袭本书之部分或全部内容。
版权所有，侵权必究
举报电话：010-62752024　电子邮箱：fd@pup.cn
图书如有印装质量问题，请与出版部联系，电话：010-62756370

PREFACE 序

风云激荡 20 年，我的猎头掘金之路

作为一名从业 20 载的猎头"老兵"，我将在本书里和大家分享我的猎头掘金之路，分享这些年猎头创业的一些心得体会以及具体的实践方法，希望能给更多的猎头从业者提供些许有价值的经验。

"猎头"来源于拉丁文，英文是 Headhunting。相传在原始部落时代，有个食人部落，每当战争结束后，他们就会将敌人的头颅割下来，作为战利品带回到部落里，以此来彰显自己的实力和战绩。这便是"猎头"的原始含义。

真正具有现代意义的"猎头"概念出现在"二战"以后。当时以美国为首的一些战胜国，为了确保战后快速发展，从全世界搜寻科学家、工程师，就像在丛林狩猎一样，到处物色优秀的人才，再空运到美国本土。

后来，有人效仿这种模式，开始为企业猎寻人才。随着时间的推移，猎头彻底转变成了一种商业行为，走向国际，进入中国。

中国的猎头行业起步较晚，但发展迅速。从 1992 年沈

阳出现了中国猎头的雏形，到1993年中国本土第一家猎头公司成立，再到后来的第一个发展期（1996—2008年）和爆发期（2008—2018年），猎头行业在中国经历了从无到有、从小到大的过程。而自2018年以来，行业进入了震荡期和变革期，很多猎头公司和顾问面临着严峻的挑战。

我从2004年开始猎头创业。在这20年当中，公司和我经历了行业的多个发展阶段，见证了猎头公司的沉浮和兴衰，也亲践了猎头公司的经营管理，这才有机会悟出猎头掘金的道与术。

有人说，努力皆有意义。如今回过头再看，成长路上的每一个脚印都没有白费。

唯有热爱，才能走得更远

20多年前，我从航天部大型央企出来后，经历了一段漂泊期，那段日子确实有些迷茫。短短3年时间里，我就换了3家公司，从事了2份不同的职业，从外资企业的人力资源经历转为咨询公司的咨询顾问。

直至3年后的某一天，我接到一位猎头的电话，这次"被猎"的经历，让我一下子找到了职业的方向，就此一脚进入了猎头行业。

一年后，我开启了猎头创业生涯。创业初期，我既是老板又是员工，从办公室装修、购置家具，到客户开发、候选人寻访，所有事情都亲力亲为。

经过几年的努力，公司逐渐发展壮大，团队规模从初创阶段的"光杆司令"，慢慢扩展到200多人，从1家公司发展到12家公司。

在过去的20年里，业务模式的创新、组织形态的变革中，我经历了几次经济危机，还经历了行业动荡、业务转型等。这一路走来并非一帆风顺，很多时候是狂风暴雨，但我从未动摇犹豫过，始终坚定地往前走。

之所以如此笃定，是因为热爱。

因为热爱，所以才能熬过岁月漫长；因为热爱，所以才不畏惧前行路上的变化无常。

一个人能找到自己的热爱，做自己热爱的事，这是一种幸运。而且，坚韧度往往会很高，不会轻易放弃。

生存第一，做好当下

在创业的前5年，我正好赶上了中国猎头行业的发展期。从一穷二白开始，我只能把生存摆在第一位，什么都自己做。

这个时候，做好当下才是最重要的。

创业第一年，我个人总共开发了15家客户，团队发展到10人左右，团队业绩500万元，其中，我个人在一个客户上就成交了20个岗位。这是我猎头创业的第一桶金。生存第一，先活下去，这也是我对所有猎头创业小伙伴的一个忠告。

危机中，往往藏着赚钱机会

2008年，席卷全球的金融危机爆发，给很多行业带来了史无前例的重创。因为我们公司当时定位在以"四大"和咨询公司为主的金融、外资制造、外资汽车零部件、消费品等几大传统行业，合作关系紧密牢固，所以，这场危机对我们公司虽有影响，但无伤大雅。

每一次危机背后，往往都藏着机会，我开始考虑公司的未来。金融危机催生了我将公司做大、做强的想法，于是开始发展扩张，正式实施集团化发展战略，我的猎头掘金之路也步入一个全新的阶段。

- 2008年4月，在上海徐家汇成立了第一家合资控股子公司。

- 2009年10月，在上海的常德路成立了第二家全资子公司；同年11月，成立了成都分公司和广州分公司。
- 2010年，成立了长沙分公司、大连分公司。
- 2014年，成立了长春分公司、武汉分公司及哈尔滨分公司。

……

在这期间，我将工作重心聚焦到了集团制度设计、业务流程体系建造、企业文化建设、分公司业务策略、培训体系搭建、顾问的技能素质提升等顶层设计方面。

最终，不仅我实现了从大Sales（销售）到集团战略管理角色的跨越式转变，而且团队规模发展到了200多人规模，业绩突破了5000万元大关，挤进中国猎头行业佼佼者行列，我也由此赚到了第二桶金。

变革，避免死亡的钥匙

有不少读者问我，将一家猎头公司做到20年屹立不倒，且仍保持旺盛生命力的秘诀是什么？

我认真思考过这个问题，想来想去，觉得用两个字来形容较为合适，这两个字就是：变革。

在猎头行业创业的这20年，变革几乎是家常便饭，而且渗透到了公司发展中的各个层面。从行业转型、组织形态、合作机制，到企业文化重塑、战略迭代升级、制度流程等，变革无处不在。

和大家简单分享下行业变革转型的历程。

- 2004—2008年，公司成立的第一个5年，业务以外资企业为核心，横跨七八个综合行业，并采用了KA模式。公司主要专注于世界500强外资企业的生产制造业、工业控制行业、医疗器械、汽车零部件、金融、四大咨询公司、外资投行。

- 2009—2014年，公司成立的第二个5年形成了KA+行业专注+区域+职能的综合矩阵模式。公司进入了集团化发展、全国扩张的阶段，组织架构以北京总部集团大客户为支撑，全国范围设置了汽车事业部、房地产事业部、消费品事业部、金融事业部、互联网事业部、大客户事业部6大行业线。
- 2014—2019年，行业动荡期，包括制造业南下大转移、整车企业业绩断崖式下滑、互联网跌宕起伏、房地产跌入低谷。公司采取的业务策略是行业间互相扶持、相互支撑，精简行业线，聚焦两大传统行业。
- 2020年至今，行业创新阶段，摒弃了传统行业，涉足生物医药、新能源、人工智能、医疗机器人、航空航天等高科技领域。

在行业动荡中，每一次行业的转型和变革，都为公司增加了新的利润增长点。

顶层设计，是赚钱的基石

猎头行业自身的属性，决定了百人、千人的猎头公司数量非常有限。80%的猎头公司规模平均在10～20人。而恰恰就是这些公司，较为容易忽略顶层设计，导致猎头公司和顾问个人很难赚到钱，在赚钱之路上难以做到可持续。

那么，猎头公司的顶层设计是怎样的呢？

公司的顶层设计涉及企业文化、公司战略、业务战略、人才战略、成本利润设计、薪酬绩效、顾问提成、KPI（Key Performance Indicator，关键绩效指标）设计等诸多方面。

有道是，无规矩，不成方圆。即便是初创团队，团队规模不大，但管理上仍是要规范的，必须有一套合理的、可操作的制度。比如，绩效考核以及 KPI 设计，就是其中非常重要的一点。

目前，很多初创团队普遍存在的问题有两个：一是不重视考核；二是考核（薪酬绩效）制度不够科学合理。

创业伊始，忙于业务，精力全部在出业绩上面，这能理解，但千万不要就此忽略管理制度的设计。因为随着公司的逐年发展，非合理可行的制度问题一旦暴露出来，对公司的影响往往会很大，甚至是致命的。

合伙人之间觉得分配不公，顾问 KPI 难达成、提成少，那时候不论创始人如何解释、补救，最终都避免不了团队各奔东西的结局，这样的案例在行业内比比皆是。

为此，我个人认为，对于初创猎头公司，设计规范、系统、具有可操作性的考核及利益分配制度，是头等大事，重中之重。

以上就是猎头掘金路上的几个重要方面，在本书后面的章节中，我会详细剖析具体的方法，并辅以大量的行业及公司实战案例来深入解析。

FOREWORD 前言

为什么猎头赚钱越来越难了？

猎头从业者应该都能感受到，当下的猎头不好做，赚钱越来越难。无论是传统行业还是新兴行业，不管是中低端还是中高端岗位，生意都很难，整个行业给人一种强烈的窒息感。而且短期内并没有好转的迹象，这种艰难的局面可能要持续很长一段时间，从业者要做好打持久战的准备。

之所以如此艰难，主要有以下几方面的原因。

首先，从宏观层面上讲，主要是经济大环境下行，导致市场整体疲软。

受国内外经济大环境以及三年新冠肺炎疫情的影响，如今绝大多数行业都处于增速放缓的调整状态。比如，过去十多年高速发展的互联网行业纷纷裁员，有些行业被迫进入寒冬模式；再比如，昔日的经济支柱产业房地产行业，目前十分艰难，一蹶不振。

10年、20年前那种企业爆发性增长的火爆现象，现在已经不复存在，且很难再复制。虽然当下有些新兴行业有着旺盛的生命力，但其发展需要时间和周期。在经济下行的巨大压力下,在诸多行业红利普遍见顶的现实情况下,目前投资者对大多数行业的投资都很谨慎,且不断收紧。

业务发展受阻,同时又缺少资本的注入,这就导致很多企业的处境难上加难,不得不以"活下去"为现阶段的首要目标。为此,如何减员增效、减负求生,已成为不少企业最重要的课题之一。所以,近两年企业对人才的需求大幅度缩减,而业务线裁撤、人员裁减,更是屡见不鲜。

与此同时,部分企业为了最大程度上节省成本,即使有人才的需求,也不再愿意花钱请猎头。而是让公司已有的招聘人员干起了猎头的工作,也就是所谓的"内部猎头",这种现象也越来越普遍。

换句话说,如今的猎头,不仅要面临着同行之间的常规竞争,生意还会被企业内部的招聘人员给瓜分掉一部分,而且这一群体的实力是不可小觑的。

在多方的夹击下,猎头的生存空间被挤占,日子越来越不好过,也就不足为奇了。

其次,从操作层面讲,企业开放给猎头的岗位越来越难做,趋于高端,大部分都是难啃的"硬骨头",操作难度大,这也是比较重要的因素。

之所以会这样,一个很重要的因素就是容易招聘的岗位,企业的内部猎头自己就消化掉了,实在没辙的岗位,才会求助于外部猎头进行招聘。

从某种意义上讲,如今的猎头实际上成了企业招聘的"替补选手"。虽然是替补登场,但干的却是主力都干不了的又累又麻烦的苦差事。这无疑也大大增加了猎头生意的难度。

此外,猎头的客户开发方面存在不足,会导致合作的客户不够优质。

这里的"不够优质"并不是说客户的业务和发展不好,而是指对于猎头来说,不是一个很好的合作选项。所以,我对公司的顾问以及学员们都反复强调,BD(Business Development,商务拓展)客户是非常重要的事,只要开发出优质靠谱的客户,生意就等于成功了一半。

再者,就是候选人层面的问题。

经济的下行,市场的萎靡,除了导致企业在人才端的需求缩减,招聘上的投入变少,对候选人的影响同样也很大。

在之前市场火热的时代,优秀人才很乐意接到猎头的电话,也敢于看外部机会。因为对他们来说,职业生涯的每一次变动,都意味着更好的机会来了。

相比之下,现在很多中高端人才在求职、跳槽时都变得非常谨慎,不敢轻举妄动,普遍趋于求稳,接到猎头的电话时,拒绝看机会的居多。尤其是这两年互联网的裁员潮滚滚而来,一波接着一波,包括房地产行业的整体静默,让很多优秀的人才在面对外部机会时变得异常小心,畏首畏尾,习惯性持观望态度。

这就导致猎头的工作难以有效开展,同时不仅 Offer 谈判难,被候选人 Turn Down Offer(拒绝跳槽)的概率也更高。

众所周知,候选人对新机会的考量因素通常是很多的,如薪酬待遇、公司发展、稳定性、直接上级等。另外,候选人的选择性也多,他们一旦决定跳槽,考虑换个环境,往往会接触很多的外部机会,货比三家。尤其是优质的候选人,少则三五家比较,多则甚至有十几家。

归根结底,还是如今的候选人变得比以往任何时候都要谨慎,很多人直到最后一刻仍在犹犹豫豫。

最后,从猎头公司自身的角度看,也存在一些问题。

华为创始人任正非先生曾说过这样一句话:华为只要停留三个月,就注定会从历史上被抹去。

如今,我们身处于一个快速变革、迭代的时代。无论是企业还是个体,如果无法与时俱进,做不到顺应潮流、灵活应变,那么必然会遭遇困境,甚至是被淘汰出局。

目前市场上有部分猎头公司在组织形态、合作模式、分配机制、流程、管理、服务意识、专业技能等方面,仍然固守着原有的传统思维,缺少变革、突破和创新。很显然,在激荡的时代洪流下,这是很危险的,也是赚钱越来越难的重要内因。

另外,行业内部的竞争格局,也产生了一定的影响。一是涌入的猎头顾问和企业越来越多,导致竞争加剧;二是为了赢得业务,有些猎头公司采取低价策略,牺牲利润空间。不过,这在绝大多数行业都有,也是难以避免的。

这就是当前猎头行业从业者的生存现状,虽然比较艰难,但我相信只要有针对性的改变和行动,保持学习和成长,坚持努力,一定可以占有一席之地。而且,越是艰难时,越是藏着机会,越有可能拥有未来,重点还是在于当下的我们应该以怎样的姿态去面对。

CONTENTS 目录

第 1 章 Chapter 01

生死创业：不做亏本生意才能活下去　001

1.1 猎头创业前必须知道的 7 件事　002
1.2 初创猎头公司面前的 6 座 "大山"　007
1.3 猎头公司的组织形态，总有一条适合你　012
1.4 猎头合伙人机制，赚钱空间不可估量　019
1.5 猎头业务模式解析　025
1.6 优秀猎头团队模型解析　030
1.7 15 人团队，如何做出 500 万元业绩？　034

第 2 章 Chapter 02

定位：洞察市场找准生意，精准锁定优质客户　038

2.1 哪些行业更有 "钱" 景？　039
2.2 5 大模型，精准定位行业赛道　044
2.3 优质客户开发实战教学　050
2.4 警惕 "黑名单客户"，小心白忙一场　057

第 3 章 Chapter 03

猎头薪酬设计与绩效考核方案　062

3.1 猎头顾问，业绩到底该怎么分？　063
3.2 顾问底薪、回款、基本业绩成本线的动态变化模型　068
3.3 国内七大猎头公司顾问收入及提成模型分析　073
3.4 利润率 30%+ 的顾问薪酬成本控制模型　084
3.5 团队业绩 300 万，团队长奖金拿多少？　093

第 4 章 Chapter 04

KPI：不要成为猎头赚钱的阻碍 099

4.1　猎头 KPI 设计的底层逻辑　100
4.2　关于 KPI，你所不知道的秘密　106
4.3　8 个核心 KPI 考核带来的业绩增长原理　111
4.4　KPI 设计案例解析　116
4.5　OKR：解决困扰的金钥匙　120

第 5 章 Chapter 05

百万猎头的跃迁实战 125

5.1　税后年薪 1200 万元的大单　126
5.2　跨界猎英：适合转型做猎头的六类人　131
5.3　40+ 职业女性如何成为赚钱的猎头女王？　138
5.4　三、四线城市猎头顾问的破局之路　144
5.5　较为赚钱的两类猎头顾问　146
5.6　超越及格线：如何轻松迈过 50 万业绩大关？　150
5.7　影响推荐成功率的核心因素与复杂博弈　155
5.8　提高推荐成功率的 6 条精准策略　158

第 6 章 Chapter 06

候选人重复推荐的破局之术 161

6.1　面对重复推荐，猎头顾问真的没有机会了吗？　162
6.2　面对重复推荐，善于变通才有机会　167
6.3　专业能力才是重复推荐时拿到订单的关键　169
6.4　不同的猎头顾问，不一样的沟通结果　171
6.5　关于"沉默候选人"的推荐价值　174

第 7 章 Chapter 07

猎头顾问薪酬谈判实战教学　176

7.1　候选人拒绝看机会的深层原因解析　177

7.2　候选人拒绝看机会的应对之道　182

7.3　猎头顾问可以影响候选人的 Offer 谈判　187

7.4　谈判胜负手：猎头在 Offer 谈判中的关键作用　190

7.5　影响客户 Offer 决策的 12 个因素　193

7.6　影响候选人 Offer 决策的 12 个因素　195

7.7　Offer 谈判五步法　200

7.8　当候选人期望薪酬高于客户 Offer 薪酬时怎么谈？　203

7.9　候选人手握多个 Offer，猎头顾问如何巧妙说服？　209

7.10　当候选人愿意而家人反对时，猎头顾问如何巧妙说服？　213

7.11　Offer 谈判四项黄金建议：少走弯路，顺利达成理想协议　216

7.12　客户 Offer 深度解析：主要内容、签订流程及注意事项　220

7.13　降低候选人 Turn Down Offer 概率的实用策略　222

第 8 章 Chapter 08

未来已至：SOHO 猎头掘金模式详解　227

8.1　SOHO 猎头：开启猎头掘金的第二战场　228

8.2　SOHO 猎头顾问赚钱公式大揭秘　231

8.3　警惕！这几类 SOHO 顾问会让你的业务陷入困境　235

8.4　一位 SOHO 猎头的蜕变：如何在 1 年之内实现人生大翻盘　238

第 9 章 Chapter 09

猎头合同中的常见问题与执行技巧　241

9.1　合同纠纷的 7 个源头　242

9.2　猎头服务合同签署指南：关键条款分析与案例解读　246

9.3　客户合同陷阱大揭秘：如何避免常见风险？　251

9.4　法律纠纷中的证据收集策略　255

9.5　客户拖延付款怎么办？　258

9.6　候选人试用期离职，客户不付款怎么办？　261

9.7　客户要求试单，猎头要接受吗？　264

9.8　售后服务：候选人试用期的全程跟踪　266

第 10 章 Chapter 10

20 年创业辛酸史：我被企业少支付了数百万元服务费　272

10.1　企业逃避付费套路大起底　273

10.2　空手套白狼黑幕：企业串通候选人不劳而获行为大揭秘　276

10.3　激活数据库的空手套白狼行为，猎头应该如何防备？　279

10.4　如何辨别猎头是否被企业用作市场调研工具？　282

10.5　高端岗位频遭空手套白狼，猎头应该如何应对？　285

Chapter 01
第 1 章

生死创业：不做亏本生意才能活下去

1.1 猎头创业前必须知道的 7 件事

相信很多人都有创业的梦想，不想一辈子给别人打工，尤其是创业门槛较低的猎头行业，有这种想法的猎头顾问更是大有人在。然而，正如知名管理学家彼得·德鲁克所言："创业不是一场游戏，而是生存的挑战。"创业的道路上布满荆棘，想要生存，继而更好地发展，有太多需要搞清楚的问题。例如，哪些猎头顾问适合创业，做一家优秀的猎头公司需要具备哪些条件等。

根据我多年的创业经验，建议大家在踏上猎头创业这条路之前，一定要先搞清楚以下 7 件事。事实上，这 7 件事不仅局限于猎头行业，在其他行业也基本适用。

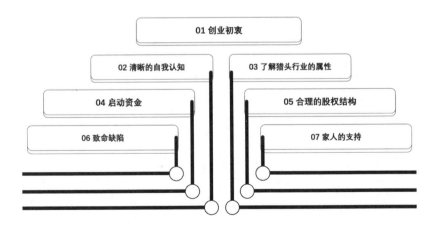

1. 创业初衷

创业最怕的就是盲目跟风,看着别人创业开公司,自己也跟着,完全没想明白自己为什么要创业。这类人的创业旅程通常是走不远的,因为没有清晰的可行性规划,所以在遇到挫折的时候,往往很难坚持下去。

所以,在创业前一定要和自己的内心进行一场深度对谈,搞清楚自己的创业初衷是什么。到底是为了赚更多的钱,还是单纯地不想给别人打工;是想要拥有更多的自由,还是为了更高的情怀和理想。

2. 清晰的自我认知

刘备之所以能从一无所有的织席贩履之辈,成功创下蜀汉基业,与有着强大家族背景和实力的曹操、孙权共争天下,就是因为他善于借力,能够整合各方资源为自己所用。可以说,这是所有创业者必备的一种优秀特质。而刘备能够拥有这种特质,很大程度上是源于他有着客观的自我认知。

家喻户晓的"三顾茅庐"就是典型的案例。在一次次败仗中,刘备逐渐认识到自己在谋略方面的不足,就开始物色这方面的人才。于是,当得知诸葛亮有着经天纬地之才,便放下身段,带着关羽和张飞前后三次上门拜访比自己年轻 20 多岁的诸葛亮,邀请其出山辅助自己。正因为有这样的格局,刘备身边英才济济,团队才能越走越远,实力越来越壮大。

优秀的创业者一定要对自己有客观的认知,清楚自身的优劣势,这是在创业前以及创业过程中都要具备的意识。想将一家猎头公司做出品牌，在行业内做出影响力，创业者自身至少要在下图所示几个方面具有比较突出的优势。

需要提醒大家一点，很多人在创业时只看到了自身的优势，想当然地认为自己肯定没问题。实际上这是忽略了创业的复杂性。创业是对一个人能力的综合考验，性格、眼界、业务能力、思维方式、人脉资源、经济条件等都很重要，并且自身的劣势也是需要认真考虑的。

3. 了解猎头行业的属性

很多猎头顾问之所以有创业的想法，原因之一在于猎头行业创业的门槛比较低，大多数人都可以入局。既不需要太多的启动资金，也没有技术、设备、资源等条件上的限制。猎头属于服务行业，轻资产。在20世纪90年代只需要几万元的启动资金，一家猎头公司就诞生了。即使是现在，情况也差不多。

不过，猎头创业虽然门槛低，但想做到比较大的规模也绝不是件容易的事，而这就是猎头行业的属性。

猎头服务的产品是人，即候选人；猎头公司的核心资产也是人，即猎头顾问。众所周知，做人的生意，与人打交道，很多因素往往难以把控，存在着很大的不确定性。从中国猎头市场发展的 30 多年来看，事实也是如此。行业内规模上亿的公司寥寥无几，80% 以上的猎头公司都属于小微企业。

与此同时，猎头点对点的业务模式，注定了业务难以复制化，公司及团队极易造成裂变，而且每一次裂变都需要重新再来。这些因素都决定了猎头创业想要做大，有着极高的难度。

4. 启动资金

虽然猎头创业的启动资金不需要太多，但客观地讲，如果没有一定的资金实力，这条路就要慎重选择。因为猎头创业的启动资金仅仅是入门，10 人以下规模的团队，完全可以支撑公司正常运营。但想要把公司做大，那么无论是业务的多元化、人员规模的扩大，还是公司集团化扩张，都需要资金的再投入，而且投入金额也不是小数目。

此外，市场、行业、客户等都可能出现无法预知的变化，势必需要一定的储备资金。这样才能让公司在发展的过程中走得更稳，不至于遇到点风浪就到关门的地步。

5. 合理的股权结构

提到股权结构，通常我们想到的是与合作捆绑、利润分红、利益机制等，这是最基础的认知。

股权结构从本质上决定着公司的生死存亡和上市计划，其核心是股权结构及比例,而不是人。一些曾轰动全国的企业变故事件,往往都是因股权结构问题而导致的,比如,俏江南张兰的退出、当当网夫妻的纷争等,都是比较典型的案例。

猎头公司初创时,由于规模不大,很多问题还不会显现出来。但为了避免给公司的后续发展带来障碍,我有三条建议供猎头创业者参考。

01 前期有绝对控股的股东,避免股权平均化　　**02** 三个以下股东为佳,避免股东过多　　**03** 行业外财务投资人的股权比例不要超过三分之一

如此一来,后期无论是现有股东退出还是新股东加入,都可以在避免很多障碍的同时留有一定的操作空间。

6. 致命缺陷

俗话说,金无足赤,人无完人。每个人都有优缺点,这是毋庸置疑的,我们也应该客观看待。但对创业者来说,有些缺点确是致命的。例如,唯利是图、做事没有原则和底线,不尊重别人,心胸狭隘等。存在这些致命缺陷的人,在创业路上注定要跌倒,很难走远。如果没有信心进行自我迁善,那么创业之前就需要三思而后行。

7. 家人的支持

创业虽然看似可以自由支配时间,因为是自己当老板,但有过创业经历的人都知道,尤其是在公司初创阶段,创业者实际上是没有个人生活的。所以,得到家人的认同和支持,对于创业者而言也是非常重要的。

1.2 初创猎头公司面前的6座"大山"

猎头行业有着"创业易、做大难、易分裂"等特点。很多顾问在经过一定的积累后,往往会选择创业,自己当老板。

我刚进入猎头行业时,选择加入了国内一家较早成立的猎头公司,也是当时国内十大猎头公司之一,公司规模不到20人。当时的导师是一位在公司工作了8年多的资深猎头,也是百万顾问。半年后,她就离职创办了自己的猎头公司。

我很幸运,入行第一年就成了百万顾问,回款达到120多万元;第二年就开始自己创业,这一干就是20多年。

这样的情况并不少见,积累一定经验之后选择自己创业是业内常态。

优秀人才的流失,对其身后的猎头公司肯定是一种打击,但对于整个猎头行业的发展来说,却又有着不小的促进作用。因此,对于猎头顾问选择创业,我也是非常乐意提供帮助和指导的。

至今我已经陪跑了多家猎头公司,覆盖多个行业和领域。我发现一些很普遍的问题像6座大山一样,让很多创业者手足无措。

01 行业赛道定位
行业震荡是猎头公司面临的常态状况。

02 绩效考核及KPI底层设计
初创团队普遍存在的问题：
● 不重视考核；
● 考核制度不够科学合理。

03 团队规模及顾问招聘
初创阶段，团队保持在5～8人比较合适。

04 创始人角色定位
创始人应扮演顶级销售员的角色。

05 关键业务流程的节点管理
对关键业务流程的节点进行有效管理，建立专业系统的培养体系。

06 HR创业者的思维转换
HR转型猎头创业，应避免计划过于频繁、追求完美及僵化思维。

1. 行业赛道的定位

行业震荡是猎头公司要面临的常态状况，而且随着时代的发展，震荡的周期会越来越短。有震荡，就有"伤亡"，轻则业绩下滑，重则直接淘汰出局。比如，大家熟知的房地产行业，前几年市场非常火热，很多猎头公司也因此过得很滋润，但没想到形势变化会如此之快，以至于不少公司随着房地产行业进入寒冬而关门。

可以说，行业赛道的选择，在很大程度上决定了猎头公司的业务体量，以及发展的前景。

行业赛道定位应做到精简涉足行业、深耕细分领域。可以根据自身情况选择两三个行业，尽可能做到行业细分。这样既能达到短期的业绩产出，同时也能保证长期性及可持续性。

2. 绩效考核及 KPI 底层设计

有道是，无规矩，不成方圆。即便是初创团队，团队规模不大，管理方面也依旧要有一套合理的制度。而绩效考核以及 KPI 底层设计，就是其中非常重要的环节，同时也是容易被忽视的。

目前，很多初创团队普遍存在的问题有两个：一是不重视考核，二是绩效制度不够科学合理。

创业伊始，忙于业务，精力全部在业绩上面，这能理解，但千万不要因此就忽略管理制度的设计。因为随着公司的发展，制度问题一旦暴露出来，对公司的影响往往会很大，甚至是致命的。合伙人之间觉得分配不公，顾问 KPI 难达成、提成少，到那时无论创始人如何解释、补救，最终都避免不了团队各奔东西的结局，这样的案例在行业内比比皆是。

3. 团队规模及顾问招聘

对于初创团队来说，在团队的规模以及顾问的招聘方面，是非常容易出现问题的。不少创始人对团队规模有一定的执念和认知误区，认为规模越大，生意就越好，也越容易招聘顾问，所以在扩张和招人方面不惜下血本。

团队规模确实是公司的门面，能决定很多东西，但它并不是最重要的，尤其是对猎头行业来说。团队规模从来不是开拓市场的王牌，若没有良好的业务口碑、没有信誉的积累，规模再大，在客户眼中也只是徒有其表。

创业初期，"活着"最为重要，保证不亏本才是王道。初创阶段，团队保持在 5～8 人的规模是比较合适的。盲目地扩张，往往会因基础不牢固而导致后续的一系列问题。只有将各项基础工作做实、稳扎稳打，才能降低公司后续发展的风险。

4. 创始人的角色定位

初创猎头公司的管理者，经常会出现忙而无获的情况。每天忙得团团转，总感觉时间不够用，但最终的效果却不太理想，付出与收获不成正比。

之所以会出现这种低效的情况，很大一部分原因是创始人的角色定位不明确，导致工作没重心或重心出现偏离。

虽然创业前的经历和背景不同，但在创业初期，创始人及合伙人给自己在团队中的角色定位应该是 Top Sales（顶级销售员），既能冲锋陷阵，带领团队打硬仗，在贡献业绩的同时，也能鼓舞团队的士气，调动团队积极性。千万不能脱离一线业务，以为当老板了就应该"坐镇指挥"，这是要不得的，至少在初创阶段，不能有甩手掌柜的心态。

无论是在什么行业，创始人很多时候都要深入到业务中去，这样才有机会真正将公司做大做强。

5. 关键业务流程的节点管理

无论是优质的猎头团队、成熟的团队，还是初创团队，规模从来都不是开山斧，开疆辟土的真正神兵利器是专业度。专业度高的团队，从上至下，每个人都是精兵悍将，一个顾问能顶得上四五个人，一个有水平的管理者能让团队的业绩上几个台阶。而且，在这种高质量的团队里，个人的成长速度会非常快。

所以，从专业上讲，初创团队更需要重视对顾问的培训。比如，深入 Mapping（摸排）、客户对接、岗位需求理解、候选人面试评估及匹配等核心技能，一定要有专业系统的培养体系，以及对关键业务流程的节点进行有效管理。

除此之外，在日常管理中也要重视，要让顾问养成良好的工作习惯，如定期梳理业务，具体到天、周、月等；梳理文件或内容时，要尽量做到标准明确、格式统一、主次突出，譬如日报、周报等。

猎头创业至今已有 20 年，我对团队的理解是，好的团队都是人性化的，但人性化从来不是散养和放纵。

6. HR 创业者的思维转换

绝大多数工作都有围城效应：城里人想出去，城外人想进去。在猎头顾问跳槽到企业转做 HR 的同时，也有很多企业的 HR 往猎头行业转，甚至进行猎头创业。

HR 转型猎头行业创业是具备很多优势的，包括对人力资源以及招聘的理解，对甲方思维和需求的把握，以及所在行业内的资源积累等。但在具体的实践操作过程中，也容易出现甲方固有的思维定式问题，导致工作方向出现偏差。毕竟猎头的业务流程及操作模式，与甲方还是存在一定不同的。

所以，建议这类猎头创业者，要深刻理解猎头业务存在各种不确定性、变化性，以及细节众多的属性。在猎头实践中，要避免计划过于烦琐、避免追求完美及思维僵化。

问题是成长的前奏，挑战是成功的阶梯。虽然创业之路不好走，但也不必过于担心和焦虑，上述 6 座"大山"或许是曲折前行的绊脚石，但也是成长的催化剂。很多初创猎头公司正是通过这些挑战，塑造了自己的独特品格和竞争力。

所以，做好当下，着眼未来，把核心问题解决了，不断提升自身的专业能力，往往就能提高团队的抗风险能力。同时也能保证后续可持续、健康平稳地发展，开创新的天地。

1.3 猎头公司的组织形态，总有一条适合你

在当下的猎头行业，组织裂变（一家公司分裂出几家新公司）已经是一种很常见的现象。目前国内猎头公司达 5 万家以上，全国猎头顾问从业者的数量也超过 20 万。可想而知，几万家的猎头公司里，80% 左右是规模在几十人的小微猎企，属于小作坊式，而这些公司大多数是裂变出来的。

猎头公司组织裂变主要是由猎头职业的特殊属性决定的。猎头做的是人的生意，是以人为产品向客户输出，在客户和人才之间架起一座供双方以合作为沟通目标的桥梁。

这座桥梁的优质程度，往往就代表着猎头顾问的专业能力。越是业务能力出色的猎头顾问，越能将这座桥梁铺设得坚固且舒服，越容易得到客户以及人才的信任、认可。

所以，从某种角度讲，无论是客户还是候选人，其实都是猎头顾问手里的核心资源和资产。也就是说，这些资源是有机会跟着猎头顾问走的，而不是跟着顾问背后的猎头公司。正因为这个原因，一些有野心的顾问在完成资源的积累后，通常会跳出来自己干。

对猎头顾问个人来说，这是好事，但对猎头公司而言却是沉重的打击。如果一家猎头公司在成长的过程中不断分裂，经常出现"塌方"现象，核心人才以及客户、候选人等资源不断流失，成本始终处于高位，那么可以预见，这家公司一定难以做大做强，甚至可能就此失去竞争力。

国内有一家知名的猎头公司，2012年的时候公司规模在50人左右，经过5年的扩张，已经发展出十几家分公司，人员规模达到200人以上，跻身行业前50名，成为一家中等规模的猎头公司。

2019年，由于公司在扩张过程中高薪吸引了一批猎头经理及合伙人，导致在公司工作多年的中高层经理与外部"新鲜血液"之间失去了平衡，造成公司十几名猎头经理、总监"集体出走"，共同创办了一家新的猎头公司。

这对原公司来说无疑是巨大的打击，更让人难以预料的是，3年之后，公司新引进的这批猎头经理、合伙人同样选择了"集体出逃"，另谋创业，这对公司而言简直就是雪上加霜。该公司在扩张前，原计划是想做中国最大的猎头公司，并以上市作为目标。结果，两个目标都未实现，公司的发展也每况愈下，远不如前。之后该公司将分公司缩减到了三四家，规模也不到百人。

这是猎头行业内比较典型的组织裂变的案例，当时在行业内也是家喻户晓的。

由此可见，猎头公司的组织形态及资源配置，便是猎头创业者必须认真思考，予以重视的问题。

猎头公司的组织形态主要分为3种情况，如下图所示。

1. 以上市为终极目标

猎头公司上市确实不容易,但并非不可能,目前国内已经有几家这样的上市公司了。而想要实现上市的终极目标,通常需要以下配置:

- 创始人对猎头及招聘事业拥有远大抱负和情怀;
- 资金和精力的长期、持续投入;
- 创始人及高管团队的背景和经验;
- 多种业务模式结合及创新;
- 强大的中后台建设和支撑。

只要有合理的资源配置,很多时候可以将梦做得大一些。即使最终不能完全实现,往往也可以比其他人走得更远。

2. 规模的选择

从发展规模方面进行公司定位,大概可以分为以下四种规模:

- 千人以上;
- 200～500人;
- 50～100人;
- 20人以下。

这四种不同级别的规模,本质上其实是以下四个方面的博弈和选择:

- 做大 VS 做强?
- 利润绝对值 VS 利润率?
- 运营 VS 服务品质?
- 风险 VS 收益?

目标规模不同,组织配置也就不同,而且差距通常比较大。对于几百到上千人规模的公司来说，至少需要以下 5 种基本配置：

- 强大的组织运营能力；
- 科学、系统、完善的管理制度；
- 精细化的业务运营管理流程；
- 经过实践印证过的、成熟、可行的合伙人机制；
- 自行研发的业务流程管理系统。

而对于几十人规模的公司而言，组织的配置则更倾向于业务层面。比如：

- 专注行业的选择，以及客户和职能的定位；
- 创始人及管理层要避免管理上出现过多的漏洞及个人存在致命缺陷；
- 打造简单、高效、务实、团队协作的企业文化；
- 注重提升猎头顾问专业能力并促进其个人成长。

企业在发展过程中的配置应该是不断变化的，不同的阶段和组织形态，资源的配置应该也有所不同。凡事都要根据自身的发展需求来，而不是照搬硬套别人的，否则就很容易出现"水土不服"的情况。

3. 业务模式定位

关于业务模式的定位通常有四种模式。

1）猎头平台化模式

如今，猎头平台化的发展趋势，呼声越来越高。B to B、B to C、BHC 等模式在实践中被进行了大胆的尝试和创新，也得到了市场的认可。

随着人工智能、机器学习、人脸识别、图像识别等技术的发展，猎头行业的发展机会和想象空间也更多了。

2）多元化业务模式

由于猎头这种业务模式具有端到端、业务非标、难以复制等属性，难以实现爆发式的增长和发展。因此，基于猎头的业务，拓展到招聘、培训及人力资源等相关领域，在实践中也被证明是一条出路。

事实上，从猎头业务拓展到招聘外包（RPO）、校园招聘、人力派遣以及培训领域的多元化业务经营，在当下已经是一种比较普遍的选择，且不乏成功的案例。

3）猎头系统软件供应商服务

猎头在过去 30 年的发展中，产生了一些优秀的猎头软件开发供应商。这些软件供应商的创始人多数也是猎头背景出身，之后专注研究猎头系统流程，为传统线下猎头公司尤其是规模较小的猎头公司，缓解了业务流程系统的投入压力。

4）专注、深耕猎头业务

那些对猎头行业有着极大兴趣和情怀的，并不只是以谋生和生存为单一目标的猎头创业者，会把猎头作为自己的终身事业，专注、钻研，以匠人精神去发展公司。

世间万事最怕认真和用心，这种定位的公司，通常能在猎头行业里闯出一片天。

基于上述对猎头组织形态的总结，结合我个人多年的创业实践和思考，我们可以根据实际情况做出相应的组织形态选择。对此我有以下几个建议。

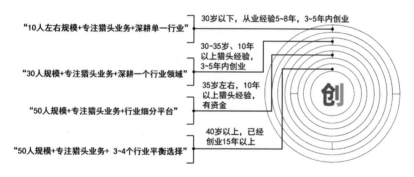

（1）30岁以下、猎头从业经验5～8年、有强烈创业决心和愿望的同行，3～5年内可选择"10人左右规模＋专注猎头业务＋深耕单一行业"的组合。只要不好高骛远，不盲目扩张，脚踏实地做上三年五载，积累经验和收入，先实现从打工到创业的角色转变，再去规划未来的发展，按这条路线走下去的话，无疑也是令人向往和振奋的。

（2）30～35岁、10年以上猎头经验、即将选择猎头创业的同行，3～5年内可选择"30人规模＋专注猎头业务＋深耕一个行业领域"这种组合。这样不仅可以解决前期创业的风险,还能够获得一定的利润,积累公司管理经验。最重要的是,能为公司下一个阶段的发展打下扎实的基础。

(3) 35 岁左右、10 年以上猎头经验、有一定的资金实力、对猎头平台有兴趣或深入研究的同行,可选择"50 人规模＋专注猎头业务＋行业细分平台"这样的组合。我认为这是目前最完美,而且最有前景的模式。无论是从专业、规模、风险的角度来讲,还是从实现上市目标的角度讲,都是值得年轻的猎头同行们去尝试和拼搏的。

(4) 40 岁以上、已经创业 15 年以上的群体,如果对猎头事业仍然兴趣不减,那么可选择"50 人规模＋专注猎头业务＋3～4 个行业平衡选择",走规模和利润平衡的路线。凭借多年的创业经验、深厚的业务功底,以及各方面的软沉淀和积累,管理几十人,达到顾问人均单产 50 万元的及格线,应该没什么大问题。这样既能实现公司一定程度的发展,也能让自己更有价值感和成就感。

阶段不同、起点不同、背景不同,走的路线和资源配置就不同,找到一条合适自己的路,远比看起来美好的路更为重要。

1.4 猎头合伙人机制,赚钱空间不可估量

众所周知,很多行业的创业公司采用的是合伙人机制。大家既合作又分工,既风险共担又共享利益,从而形成强大的合力,以提高在市场上的竞争力。比如,律师行业、会计和审计行业、管理咨询行业等。

实际上,"猎头合伙人机制"近几年在行业内已经被广泛讨论过,很多同行也进行了尝试、实践和创新,方式可谓是五花八门。从最终的实践效果来看,合伙人机制更像是一把锋利的双刃剑,既能成功地让公司快速发展壮大,又能加速公司的崩塌,大大增加了经营的风险。

接下来我会从什么是猎头合伙人,以及猎头合伙人机制的设计原则两个方面进行讲解。

1. 什么是猎头合伙人

通常情况下,提到某人是某公司的合伙人时,我们的第一反应就是他是该公司的老板之一,不管是大老板还是小老板,总之是实打实的股东。在大多数行业里,合伙人就是股东,但猎头行业则不是这样的。不同的猎头公司,对合伙人的定义也不同,每家的标准和方式有着不小的差异。比如,有些公司对合伙人的要求非常严格,有一套严苛的合作标准;而有些公司则是合伙人泛滥,张三、李四都可以轻松地成为合伙人。

尽管行业内对合伙人的定义标准不同,但整体上无外乎两种情况。

利润分红模式
以利益捆绑为主的利润分红模式

股权占有模式
传统意义上的合伙人，在公司里占有一定的股权

股权占有模式就是传统意义上的合伙人，即在公司占有一定的股权的人，通常被称为老板或股东。不过，股东也分为两种：一种是法律意义上的股东，是在市场监督管理局注册登记的合法股东；还有一种是代持股东，签订股份代持协议，股份由他人代持。

利润分红模式主要是以利益捆绑为主，采用利润分红的模式，可以享有公司的利润分红，但并非法律意义上的股东。目前市场上不少猎头公司为了留住精英级顾问或团队，通常会采用这种合作模式。这样既能保持公司的稳定性，尽可能地避免组织裂变的风险，又能调动顾问的积极性。

在这两种合伙人机制中，合伙人的角色和地位往往有所区别。通常情况下，前者在公司的战略决策以及管理上扮演着重要的角色，和创始人一样，会直接参与公司的战略、管理、业务方向定位、组织发展、人才培养等关乎公司发展的重大事情的讨论及决策。而后者更多时候还是集中在业务层面上的合伙，主要负责带领团队创造收入和利润，承担这部分的重任。此外，也有一些公司的合伙人定位是介于这二者之间，既参与战略及管理方面的讨论，同时也承担一定的利润目标，但左右跳脱不出这两方面。

实际上，这两种合作机制本质上最大的不同，还是在于资本层面的操作。当公司上市、投融资、收购合并时，只和前者有关，后者是不参与的。这就是机制设计所造成的结果。

 2. 猎头合伙人机制的设计原则

对于企业来讲，上层建筑很重要，拥有一套良好、科学的运行机制往往能让企业快速发展。由于每个公司创始人的目标、价值观、资源、核心竞争力等不尽相同，所以很难有一套标准、通用的合伙人机制方案可以直接照搬，更多时候需要结合实际情况设计适合自身发展的合伙人机制。然而，在设计合伙人机制和构建体系时，我们还是可以遵循一些基本原则，如下图所示。

根据我多年摸索的经验，以及和诸多同行的交流分析，设计猎头合伙人机制时至少要遵循以下四个原则。

1）避免股权过于平均

很多合伙人是这样走到一起的：创业需要一笔钱，自己一下子拿不出来，于是就找人一起干。为体现大家是平等的，通常会选择平摊，出

的钱或资源一样，股份一样，大家平起平坐，一起创业。

这样安排并没什么问题，而且在公司规模不大时，股权在很大程度上主要体现在利润获得方面，大家得到的收益都差不多，心就不容易散，对团队的凝聚力也有一定的积极影响。

但随着公司的不断壮大，这种机制的问题就会逐步显现出来，最明显的就是决策拍板。由于股份均分，话语权差不多，在决策存在分歧时就容易出现谁也说服不了谁的情况。在资本市场上，"股权平均"是投资人最大的顾虑之一。在投资者看来，这是一个没有人能当家做主的公司，风险太大。

所以，某个股东有绝对话语权的公司往往会更加稳定，并且走得更远。

2）制定科学、合理的利益分配比例

除了股权分配比例，利益分配比例也是猎头合伙人机制的核心要素。关键的问题不在于比例的高与低，而在于是否合理。那么，何谓科学和合理呢？主要从以下两个角度考虑。

（1）从公司成本利润核算角度分配利益。

猎头公司的成本并不复杂，主要包括房租、员工薪酬、福利、绩效奖金、佣金提成、中后台支持、水电费、销售及宣传费用等。每部分占比多少比较合理，业内是有一些参考依据的。

在中国发展很多年的大型外资猎头公司曾精确地测算过，比如，房租成本占5%～10%，销售及宣传不能超过1%等，从而可以保证公司利润在合理的范围之内。

（2）根据顾问级别的不同确定收入占比。

比如，猎头公司的顾问、经理、分公司经理等核心级别的员工，他们的收入占比的合理范围值，在行业内也是经过测算过的。这一点，专

业、正规、有一定规模的猎头公司都很清楚。只有利益分配在合理范围内，才能让双方达到长期的心理平衡。否则随着时间的推移，一旦有一方感到不公平，合作的体系就会面临崩坍的风险。

3）选择好时机，锦上添花好于雪中送炭

通常情况下，选择引入合伙人要么是在刚开始创业时，要么是在公司发展的过程中。不管哪个阶段，有一点非常关键，那就是合伙人的作用一定是锦上添花，而不是雪中送炭。

（1）初创公司时，如果你有多年的猎头经验，各方面能力也比较强，那么选择一个猎头经验同样丰富的合伙人，就是锦上添花；如果你经验不多，能力也不是很突出，选择一个经验丰富的人来帮你，那就是雪中送炭。

（2）有一定规模和业绩的公司，选择合伙人进行利润分享（非股权）是为了更多回报，这是锦上添花；如果公司面临亏损或是在十分艰难的情况下选择合伙人，那就是雪中送炭。

无论在公司发展的哪个阶段选择合伙人，以及选择合伙人的目的是什么，大家一定要谨慎思考。

4）稳定和动态的平衡

关于这一点也要从两个维度考虑。

（1）在利润分配的比例上，要做到一定程度上的稳定性，没有人喜欢制度上朝令夕改的公司。在过往实践的过程中，因频繁变化制度和方案，导致公司动荡、人员流失的情况并不少见。

（2）合伙人的角色。千军易得，一将难求。由于能满足真正意义上参与公司战略管理要求的合伙人并不多，因此可以先以简单的利润分享模式、业绩主导地位为主与合伙人进行利润分享，随着合伙人的逐步成长和成熟，再逐步过渡到法律层面上的股东，让合伙人参与公司更多的战略和决策。与此同时，相应地在利润分配比例上也可以做一定程度的提高。这对双方来说是比较公平、合理的，也符合付出与回报成正比的原则。

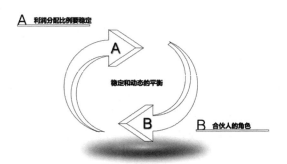

实践出真知，我在猎头行业创业已有20多年，也和不少创业者交流沟通过，现分享5点经验，如下图所示。

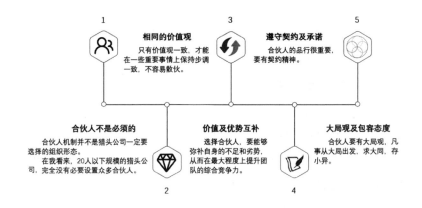

1.5 猎头业务模式解析

自20世纪90年代以来,猎头行业在国内已有30多年的发展历史,目前已经成为拥有几十万从业者,市场规模高达千亿的招聘服务行业。

从2008年席卷全球的金融风暴,到外资企业的南下转移、个别行业的动荡,再到如今招聘平台的兴起、人工智能技术的应用,以及各种猎头创新模式的出现,猎头行业并没有随外部大环境的动荡而出现颓势,反而是越挫越勇,焕发出旺盛的生命力。

因此,我们有理由相信猎头行业的未来是光明的,风雨之后将迎来彩虹。然而,能否在时代的浪潮中成为驶向远方的航行者,而不是被浪花掀翻的落水者,对于我们这些身处其中的从业者来说至关重要。

实际上,企业的发展,本质上在于商业模式和业务模式的规划及设计,这将直接决定着公司未来发展的结局,越先进、优质的业务模式,越有机会赢得未来。猎头行业自然也不例外。

通过对中国猎头市场过去30多年发展的深入观察,再结合猎头创业20年的实践经历,我对猎头公司未来业务模式进行了思考和总结。接下来我将重点介绍一下猎头业务模式,以及综合矩阵猎头业务模式的优点。

1. 猎头业务模式

传统猎头公司业务模式的设计，无非是从行业、客户、职能、区域、级别这五个维度考虑，主要有以下几种猎头业务模式。

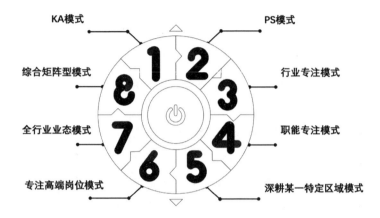

（1）KA（Key Account，重点客户）模式：客户驱动型，专注于一个或几个战略KA，每个客户的产出额能够达到数百万，甚至是千万。在过去十年中，数十人、数百人的猎头公司专注某个地产客户或互联网大厂，每个客户带来数千万的产出，这样的猎头公司在行业内并不少见。这些都是典型的KA猎头业务模式。

（2）PS（Proactive Specialization，主动专注）模式：候选人驱动型，以候选人为主导撬动前端客户开发业务。国内有几家大型外资猎头公司一直都采取这种业务模式，顾问人均单产比较高，平均百万左右，业务多数专注在奢侈品行业，以及财务、HR、市场等职能领域。

PS模式与传统的猎头模式有根本上的不同，PS模式在猎头管理系统、KPI考核指标、顾问素质要求、业务管理流程以及BD方式等都有自己独特的方式。

（3）行业专注模式：专注于某一行业或是某一行业下的细分领域，如房地产行业的产业地产、文旅地产等。

（4）职能专注模式：专注于某一具体职能，覆盖全行业，如财务、HR、市场、销售等。

（5）深耕某一特定区域模式：选择这种猎头模式的公司并不多，但也有部分公司是这样做的。比如，专注做东莞地区的民营制造企业，以及日益崛起的乡镇企业。

（6）专注高端岗位模式：通常情况下，猎头收费的标准是按候选人年薪的20%～30%来计算。国内的猎头市场，收费在5万～10万元为中低端，收费在10万～30万元为中高端，收费在30万元以上可以定位为高端。有些猎头公司，尤其是规模不大的公司，只专注年薪百万以上的岗位，采取头部一刀切的业务模式，不分行业、职能、地域，这种模式效果也是不错的。

（7）全行业业态模式：不按以上任何维度划分，只要客户有需求委托就接单。换句话说，就是全行业业态，不挑食，大小肥瘦都吃。

（8）综合矩阵型模式：公司内部综合采取以上几种业务模式，形成交叉矩阵的模式，如行业＋职能、行业＋高端等。

这些业务模式能长期存在，足以证明每种都有其一定的合理性。对于猎头公司来说，没有最好的模式，只有最合适的模式。根据自身的资源、特点等多种因素综合考量，才是每个猎头公司的管理者应该具备的思维。

2. 综合矩阵猎头业务模式的优点

不同业务模式之间存在很大的差异。那么，到底什么样的模式相对来说更有普适性，有较高的兼容性乃至前瞻性呢？

经过多年的实践思考，我个人比较推崇的是 KA ＋行业＋职能专注的综合矩阵猎头业务模式。也就是专注在某个行业的前提下，维护行业内的 KA 客户，同时专注行业内需求旺盛、需求集中的岗位。

在我看来，这种模式具备以下四个优点。

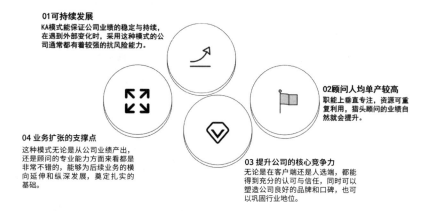

01 可持续发展
KA 模式能保证公司业绩的稳定与持续，在遇到外部变化时，采用这种模式的公司通常都有着较强的抗风险能力。

02 顾问人均单产较高
职能上垂直专注，资源可重复利用，猎头顾问的业绩自然就会提升。

03 提升公司的核心竞争力
无论是在客户端还是人选端，都能得到充分的认可与信任，同时可以塑造公司良好的品牌和口碑，也可以巩固行业地位。

04 业务扩张的支撑点
这种模式无论是从公司业绩产出，还是顾问的专业能力方面来看都是非常不错的，能够为后续业务的横向延伸和纵深发展，奠定扎实的基础。

但综合矩阵的业务模式，执行起来有一定的难度。想要真正操作好这种模式，公司至少需要在以下几个方面做到位。

（1）自研的猎头管理系统：资源搜索、流程规范、顾问业务操作等方面，都需要符合这种特定模式的个性化的业务管理系统，并随着业务的发展，系统还需要不断地迭代和升级。

（2）顾问专业度较高：综合矩阵模式对猎头顾问的要求比较高。猎头顾问拥有操作大客户的能力、深入洞察及理解行业的能力、较高的专业化程度等，是保证实现多种维度的必备条件。这就需要公司有系统、规范的顾问培养体系。

（3）标准化的业务管理流程：战略大客户对供应商的要求往往非常严格，甚至到苛刻的程度。为此，只有做到规范、专业、细致的业务流程管理，才能得到这些重量级大客户的认可。

（4）团队协同合作的企业文化精神：有道是，众人拾柴火焰高。于企业来说，团队协作这一点非常重要。综合矩阵业务模式需要内部高度的协同和合作，很多时候仅靠公司的制度及分配机制，往往很难持续和稳固。唯有鲜明的团队合作的企业文化，才是支撑有效协作的根本。

（5）创始人长期主义精神：这种综合模式的执行难度大、投入多，不是短期就能打造成型的。所以，这就需要公司的创始人具备匠人精神和长期主义思维，致力于打造优秀、具有服务品质的公司。很多时候，创始人的格局决定了企业的未来和结局。

模式选对，事半功倍。需要强调的是，所有成功的业务模式，都具备创新性、适应性和竞争力，需要公司根据市场需求和行业变化进行灵活调整，这种特质是至关重要的。

1.6 优秀猎头团队模型解析

前文说过猎头公司的组织裂变问题,不少猎头创业者原本是猎头管理者,待时机成熟后会选择自立门户。从这个角度讲,猎头创业者通常都是优秀的猎头领导,之前都带过团队,且做出过不错的成绩。或者说,优秀的猎头领导选择猎头创业,成功的概率会更高些。

不过,想成为一名优秀的猎头领导并不是一件容易的事。级别越高,团队越大,遇到的问题和挑战往往就越多。不少领导原本是精英级的百万顾问,业务能力强,但在团队管理方面却时常陷入一筹莫展的境地。

猎头创业者普遍存在以下三大困惑。

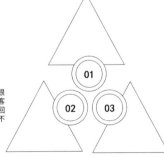

在探讨这些问题的具体解决方案之前,我先分享一下自己心目中的优秀猎头团队是什么样的。我认为,一个优秀的猎头团队至少要具备以下八个特征。

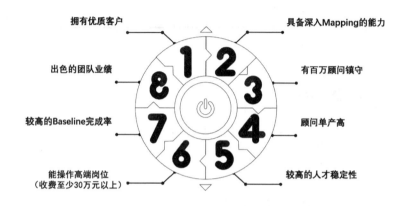

1. 拥有优质客户

巧妇难为无米之炊,客户是猎头业务的前提,客户质量的优劣直接决定着生意的好坏和高度。优秀的团队,通常都拥有优质的客户。也可以说,优秀团队都具备开发优质客户的能力和资源。

2. 具备深入 Mapping 的能力

深入 Mapping 是猎头顾问最核心的技能之一。它要求顾问不仅对行业有深刻的理解,还要能精准把握企业需求与人才特征,通过广泛而深入的渠道构建人才库,快速锁定并评估候选人。这一过程不仅考验了顾问的专业知识和洞察力,还体现了其解决问题的能力,直接影响到猎头服务的效果和客户满意度。

3. 有百万顾问镇守

团体是个体的简单综合，一个团队是否优秀，主要看这个团队中的个体是否优秀，包括管理者（Leader）和普通组员。团队中，优秀个体的数量越多，质量越高，这个团队往往也就越优秀，反之亦然。而百万顾问，就是一名猎头足够优秀最直接的指标证明之一。

4. 顾问单产高

与百万顾问有同样参考、衡量价值的还有顾问的单产，这也是一个团队核心能力较为直接的体现。

5. 较高的人才稳定性

一直以来，稳定性都是衡量一个团队的重要参考标准，也是团队可持续业绩的基础。优秀的猎头团队通常都有着较高的成员稳定性，人才流失率低；团队成员可以做到与团队共进退，同荣辱，有强烈的归属感。

6. 能操作高端岗位（收费至少 30 万元以上）

优秀的顾问从来都不是简历搬运工，更不仅仅是外界认知中的"人才中介"，而是可提供专业建议和解决实际问题的职业顾问。所以，对高端岗位的操作便成为一个值得关注的标准，也是一名猎头顾问真正的价值体现。

7. 较高的 Baseline 完成率

Baseline，指的是顾问每年业绩的最低指标，相当于顾问成本线，这是体现一名顾问专业能力最有说服力的衡量标准之一。优秀的团队，通常都有较高的 Baseline 完成率。

8. 出色的团队业绩

一个团队是否真的有实力，是否真的优秀，需要体现在业绩方面。优秀的猎头团队，必然会有出色的团队业绩，这是毋庸置疑的。

上述模型便是我对优秀团队的理解，该模型既可以用来自我审视，也可以检验目前所在团队的成色。

1.7 15人团队,如何做出500万元业绩?

在猎头实践中,基础的团队业务单元,做到200万元的业绩很普遍,相对也比较容易。但想让团队达到500万元的业绩,对很多猎头团队经理来说是一道坎儿,有一定的难度。

其实在猎头行业,1个顾问的年业绩及格线基本在40万~50万元,一个10~15人的团队完成500万元的业绩是正常且合理的。

关键的问题是怎么做。

在我们公司过往的经营实践中,10~15人的团队,达到500万元以上的业绩是相当普遍的。举一个我们团队的案例,当时这个团队是新组建的,同时面临的是新进入的行业。

2014年,当时公司的汽车事业部大约有50人,主要集中在外资企业的汽车零部件行业。那一年受政策影响,外资零部件企业在中国的业务发展严重受阻,导致我们的汽车零部件行业线业务量严重不足,业绩受挫。公司决定进行行业内战略调整,进入国内汽车整车行业,北京总部是第一个进行调整的。

首先就是招兵买马。公司猎取了一位在整车行业精耕8年的行业经理,并组建了团队,内部分为两个组,采取了1+2+3的模式(即1个经理,2个主管,每个组各3个顾问)。

经过市场调研,团队锁定了国内一家整车规模非常大的企业,总部

第1章 生死创业：不做亏本生意才能活下去

在北京，猎头生意量级达千万以上。由于是新团队，面对的又是新行业，我们团队采取了 KA 业务模式，即集中攻克这一家整车客户。具体流程如下。

（1）客户的开发由经理完成，大约用了 1 个月的时间。

（2）针对该客户的需求特点和目标人才，采取定向目标公司挖掘的方式，顾问注重进行地毯式的摸排以及人才地图的积累。

（3）岗位操作上，经理及两个主管亲自操作百万以上的岗位。

（4）顾问按照研发、市场销售和外籍人才三个主要岗位的需求进行细分。

经过半年多的磨合和积累，第一年团队业绩达到了 200 万元以上，第二年实现了放量爆发，团队业绩达到 600 万元以上。

对一个新团队，又是新进入的行业来说，这是不错的业绩。而对于较成熟的团队和有一定客户资源积累的团队来说，达到 500 万元的业绩绝非难事，关键要看团队如何规划。

我认为 10～15 人团队想要达到 500 万元业绩，应该从以下五个方面入手。

1. 团队人员配置

在多年的实践和观察中,我认为猎头团队的最佳人员配置是:

1 个经理(Manager)+ 2 个团队领导(Leader)+ 12 个顾问(分 3 个团队,每个团队 4 个顾问)=15 人

即 15 人的团队,每个团队采取 1 + 4 的组合配置,即经理自带一个团队,同时监管另外两个团队。这样既可以节省管理成本,提升管理效率和质量,同时也可以解决经理不脱离业务一线的问题。

2. 公司层面的支持

职场上有种说法,员工的离职很大程度上取决于直接上级。以我个人的实践经验来看,我并不是十分认同这一观点。

猎头公司顾问的稳定性,70% 取决于公司,主要是创始人、公司的战略、企业文化、薪酬制度、培训体系等方面;30% 取决于直接领导,主要体现在领导的业务专业能力以及对下属业务上的支持和帮助。如果比例反过来,出现的结果就是一个领导的离职,导致团队全部离开的现象。在猎头行业,这种情况并不少见。

要解决顾问稳定性的问题,需要的是公司层面的支持,而不是让领导来承担这个责任。

3. 行业和客户选择

这是需要重点强调的一个方面。很多顾问在行业定位方面存在意识不够、思路欠缺的问题。行业选择必须结合行业的发展态势、政策支持以及猎头市场的需求等因素综合考虑。

在 2010 年，专注于房地产行业的百万顾问可谓是遍地开花，但 2020 年以后，房地产行业能达到百万业绩的顾问非常少。原因很简单，这与房地产行业的整体遇冷形势有着直接关系。客户的生存环境、稳定性、可持续的需求、反馈速度、合作黏性等，都比顾问每天大量地打电话要重要得多。

努力很重要，但不可否认的是，很多时候，选择大于努力，思路决定出路。选对方向和行业比努力更为重要。

4. 具备高端岗位操作能力

这一点要从两个维度分析。其一，猎头顾问在大单和小单上投入的时间、精力实际上是差不多的，有时候小单更耗精力。因此，不如将精力放在高端岗位方面；其二，目前猎头市场的大环境是客户为了节省成本，岗位需求逐步趋向高端，因为对于中低端的需求，客户内部的招聘团队基本就可以解决。所以，不具备操作中高端岗位能力的顾问，不只业绩会有问题，还可能会面临被市场及行业淘汰的风险。

5. 顾问核心技能培养

深入 Mapping 是猎头顾问核心技能中的核心，只靠外网搜索的猎头顾问，未来也会面临被淘汰的可能。猎头顾问能搜索到的，企业内部的招聘人员以及外部众多同行也能搜索到，靠"搜"的方式不是长久之计。如果掌握深入 Mapping、候选人评估匹配、面试辅导等几大核心技能，百万顾问、顾问业绩、团队单产等问题自然也就解决了。

通过分析大量的操作案例可以得知，以上五个方面若是完成度达到了 80%，顾问的年单产基本可以达到 50 万元以上，那么 10～15 人的团队，500 万元的业绩也就能完成了。

第 2 章

定位：洞察市场找准生意，精准锁定优质客户

2.1 哪些行业更有"钱"景?

塞万提斯在《堂吉诃德》里写下这样一句话:"别妄想世界永恒不变。"

这个世界一直都在变化,尤其是在高速发展的互联网时代,各行各业更是以一种前所未有的速度在更新迭代。

在从事猎头的 20 年时间里,我见证了诸多行业的风云变化,震荡起伏。从 2008 年的金融危机,到 2014 年外资制造业的南下迁移、2017 年整车企业不景气,再到如今房地产行业的低迷不振。相当一部分猎头公司抓住机遇得以发展壮大,但同时也有很多猎头公司随着行业的没落而逐渐销声匿迹。

一句话总结:能够让猎头赚到钱的行业就是有"钱"景的行业。

2018 年,我亲自培养了 5 年的经理对我说:"Janice,我想自己创业,挑战自己。"虽然有些不舍,但还是尊重和支持他的决定,毕竟人各有志,谁都有自己的理想和抱负。在创业前,他希望我能给他一些建议。由于我对他的优劣势和个人特点比较了解,在行业选择方面,我建议他选择符合市场趋势且适合自己的行业。当时给他的建议是轻奢行业,专注集团营销岗位及店长两个职能方向。

他的公司规模不大,一直保持在 8 个人左右,但是业绩和利润都比较理想。由此可见,能赚钱的行业就是有"钱"景的行业,没必要随波逐流,也不一定非要选择那些竞争激烈的红海行业。赚钱的行业、适合自己的行业才是更为重要的。

因此,对于猎头公司来说,行业的选择和定位是公司业务战略规划的重要内容之一,尤其是对于坚持"长期主义"发展的猎头公司而言,更是如此。

分享一下我们公司从 2004 年成立至今的行业发展历程。

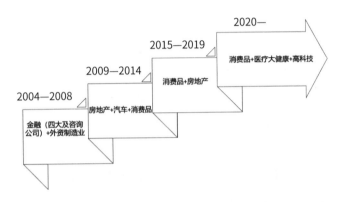

从上图可以看出,我们公司重点服务的行业一直在不断变化。我认为,根据国家政策导向、市场环境趋势、掌握的资源等因素不断调整服务的行业,这是所有猎头公司以及猎头顾问应有的职业思维和素养。

正所谓,兵无常势,水无常形。能因敌变化而取胜者,谓之神。这种灵活调整的能力非常重要,有则出众,无则出局。

那么,未来 20 年,对猎头顾问来说,哪些行业值得选择呢?

2021 年,我国已经明确了未来经济发展以"智慧、健康、碳中和"为主线的思路,而这就是我们选择行业的逻辑基础。

关于智慧:与智慧相关的行业,在未来必然会有良好的发展前景,如人工智能、量子信息、光子技术、未来网络(物联网、车联网)、自动驾驶、生物育种、机器人产业、高科技领域等。

关于健康：健康是永恒的主题，也拥有着巨大的市场。我认为生命健康、生物医药、医疗器械、医疗服务、互联网医疗等产业将再次迎来发展的春天。

关于碳中和：我国提出了"双碳"目标，即 2030 年前实现碳达峰，2060 年实现碳中和。这直接推动了能源、交通、建筑、服务等 6 个重点行业的转型和发展，涉及的产业有很多，如光伏、新能源汽车、动力电池、风能、核能、科技金融等。

根据以上经济发展的三个风向标，我认为未来猎头市场的机会集中在以下五个行业。

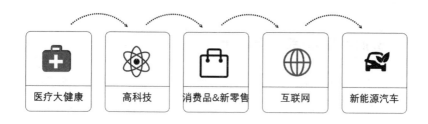

1. 医疗大健康行业

新冠肺炎疫情之后，健康产业的需求迎来全面升级，会成为新的投资风口。相应的，这个行业也必然会迎来井喷式的发展。

实际上，大健康行业一直具有巨大的市场潜力，且涉及的产业众多，包括医疗产品、保健用品、营养食品、医疗器械、保健器具、休闲健身、健康管理、健康咨询等多个与人类健康紧密相关的生产和服务领域。

2. 高科技行业

高技术产业是指用当代尖端技术（主要是指信息技术、生物工程和新材料等领域）生产高技术产品的产业集群，属于研究开发投入高，研究开发人员比重大的产业。高技术产业发展快，对其他产业的渗透能力强。

凡事皆有痕迹，从华为招聘年薪 200 万元的"天才"少年，再到各家科技公司纷纷宣布进军无人驾驶领域，可以很直观地感受到高科技、高技术行业已成为企业和人才争相进入的新领地。比如，5G、自动驾驶、芯片、机器人、SaaS、LBS、新零售、智慧城市、游戏等行业，在未来的发展都是无可限量的。

3. 消费品 & 新零售行业

随着科技的发展，全渠道购物习惯的养成，以及经济水平的普遍提高，消费升级是必然趋势，零售行业也将迎来新的机遇。就目前情况来看，我国新零售仍然处于市场发展初期，但增速强劲。

4. 互联网行业

虽然唱衰互联网行业的声音一直存在，但不可否认的是，在这个网络时代，互联网行业依然是求职者最青睐的行业之一，同时也是资本市场最看重的行业之一。

5. 新能源汽车行业

在当今提倡全球环保的大前提下，新能源汽车领域必将成为未来汽车产业发展的导向与目标。根据规划,到 2025 年,中国新能源汽车年销量将达到汽车市场需求总量的 20%,自主新能源汽车市场份额将达到 80% 以上,发展新能源车已成为推动经济社会可持续发展的重要引擎。

作为一名猎头顾问,如果能深耕以上这几个行业,那么未来一定会有巨大的发展机会。

很多猎头顾问经常纠结一个问题:猎头公司到底是专注一个细分的行业,走"专、精、尖"路线,如半导体、游戏、房地产等,还是走综合发展的路线,以此来降低风险?

结合我公司多年的发展经验,我建议采取"横向到边、纵向到底"的行业定位策略。也就是说,选择 3～4 个行业,按行业事业线的架构,分别进行垂直深耕。这样既可以降低风险,同时也可以做到行业专注。

2.2 5大模型，精准定位行业赛道

了解了哪些行业更有"钱"景，只是确定了大方向，下一步应该选择走哪条路，自己创业适合做什么赛道，还需要做进一步的分析判断。关于行业赛道的定位，我根据多年从业经验，总结出了几个具体的操作模型。

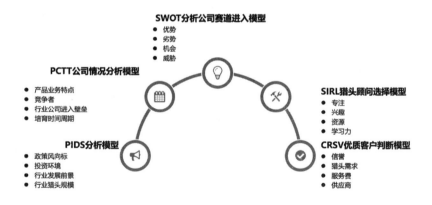

1. PIDS 分析模型

PIDS 分析模型也可以称为行业赛道研究模型，主要针对行业发展进行分析，内容包括行业政策风向标（Policy）、投资环境（Investment）、行业发展前景（Development）以及行业猎头规模（Scale）这四个方面。

（1）行业政策风向标主要是指处于国家经济结构中的行业，国家鼓励及大力扶持的行业。这方面的信息可通过"十四五"规划、十九大报告、"两会"政府工作报告、中央经济工作会议等渠道了解。比如，前文提到的"智慧、健康、碳中和"，是国家明确提出的下一个阶段经济发展的风向标，那么我们在行业转型时就应该考虑往这方面靠。无论做什么生意，跟着国家的脚步走，都是非常有必要的。

（2）投资环境包括但不限于投资热点、投资人背景（是国资还是民营、外资）、投资规模、投资区域等。能够被资本市场看重的领域，大多数情况下都是蓝海市场。比如，近两年资本进入比较活跃的新消费品领域，就涌现出了锅圈食汇、元气森林、上海家化、小度科技等一大批出圈的品牌。

（3）行业发展前景也是重要的考量因素，需要分析的内容包括行业发展状况、目前的发展阶段（传统行业、朝阳行业、风口行业）、行业集群地、行业主要产品及业务分类、龙头企业的发展状况等。这些信息可通过报纸、杂志、自媒体、网站、行业及上市公司研究报告等渠道了解。

近几年，芯片领域迎来发展热潮，如寒武纪、上海华虹集团、中芯国际、长鸿高科等，都在大力扩张和发展。行业的火热程度，直接决定了猎头生意。

（4）行业猎头规模包括行业用人市场化程度，市场规模，同行进入情况，猎头市场的活跃度、认可度及开放度等。这类信息可以通过行业投资人、猎头同行、行业 HR、行业候选人、龙头企业实践开发等途径获得。

利用 PIDS 行业赛道分析模型时，值得猎头关注的行业及细分领域有：高科技、医药大健康、职业教育、高端制造/智能制造、新能源、新零售、物联网、电商、自媒体、互联网、云计算、大数据、元宇宙、清洁技术、人工智能、机器人等。

2. PCTT 公司情况分析模型

PCTT 模型，又称公司情况分析模型。顾名思义，这个模型的分析主要集中于公司层面。分析方向为产品业务特点（Product）、竞争者（Competitors）、行业公司进入壁垒（Technology）、培育时间周期（Time）。

比如，元宇宙 VR（Virtual Reality，虚拟现实）行业，核心的岗位需求是游戏开发；而新零售行业大多是电商、新媒体、直播等互联网类岗位；生物医药行业主要是药物研发类岗位；人工智能行业则是以高端科研及研发类岗位为主。

总体来说，技术研发类岗位的进入壁垒较高，行业也需要一定时间的培训周期，但竞争者相对较少。

3. SWOT 分析公司赛道进入模型

这个模型主要是通过分析猎头公司内部和外部存在的优劣势、机会以及挑战，来定位一个或几个行业赛道。

·优势（Strength）：从公司的品牌、规模、流程、专业度、内部经营等方面，客观分析相对于其他竞争对手的优势。

·劣势（Weakness）：分析方向和上述分析优势的切入点一样。事实上，客观地罗列出自己的劣势和不足，无论是否进行行业转型，这项自查的工作都极其有必要。

- 机会（Opportunity）：分析目前的猎头市场竞争态势下，公司存在哪些发展的机会和空间。

由于每家公司拥有的资源不一样，包括人脉资源以及人才资源等，因此机会也是不一样的。值得强调的一点是，在行业转型的选择上，一定要有深度思考的能力，不能盲目从众，不能看别人做什么也跟着做，适合自己的往往才是最好的选择。

- 威胁（Threat）：分析目前猎头市场的整体行业格局，以及公司存在的威胁及挑战。

4. SIRL 猎头顾问选择模型

显而易见，这是基于猎头顾问自身来分析的一种操作模型，具体的评估因素有以下四个。

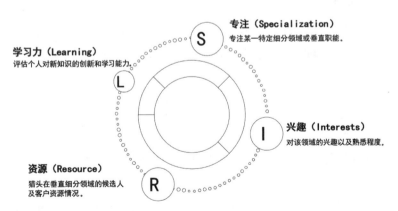

例如，高科技行业的细分领域包括芯片、自动驾驶、人工智能、机器人、5G、元宇宙、金融科技等；医疗大健康行业的细分领域包括生物

药、化学药、基因检测、可穿戴设备、医疗器械、IVD、互联网医疗、医院、医美等。

以上两大赛道，包括细分的子领域，门槛稍微有点高，因此猎头顾问在选择时，兴趣和学习力是需要重点考虑的因素。善于钻研、分析、深入思考的顾问，通常比较适合高端、技术研发类职能。由于行业壁垒高，核心竞争力和优势往往更容易发挥。

5. CRSV 优质客户判断模型

CRSV 优质客户判断模型是以客户分析为基础的模型。将赛道定位好之后，接下来就是开发客户了。在这个环节，优质客户的选择和判断非常重要，一定要做出准确的判断，否则无论如何努力，结果都不会尽如人意。很多事情上，尤其是业务方面，选择比努力更重要。

那么，客户的判断模型有哪些考量因素呢？主要有以下四点。

· 信誉（Credit）。分析的方面包括需求的真实性、支付猎头服务费、猎头招聘渠道的认可度、猎头同行的反馈以及候选人反馈等。信誉和口碑有问题的客户，即使开出的条件再好，合作的门槛再低，也不要轻易选择。

· 猎头需求（Requirements）。分析的方面包括岗位需求方向、岗位需求量以及可持续性、高端岗位量、面试推动、HR 配合度、人才市场吸引力等。不要害怕竞争，以往对猎头需求越高的客户，与猎头公司合作越多的客户，往往越值得选择。

· 服务费（Service fee）。分析的方面包括服务费率、付款方式、付款周期、保证期、试用期离职约定、实际付款情况等。一个人对钱的态度，决定了他的高度。对企业来说，这句话同样适用。企业对服务费的态度，决定着这家企业的高度和格局，也决定着其是否能成为值得选择的合作对象。

· 供应商（Vendors）。分析的方面综合了信誉、猎头需求、服务费几大因素，包括供应商数量、最佳供应商业绩产出、猎头预算及实际支出等。从某种意义上讲，这方面的考量较能对客户做出准确的、有价值的评估。

在竞争激烈的商业环境中，建立并不断完善优质客户判断模型，是企业取得长期成功的关键之一。

2.3 优质客户开发实战教学

深耕行业的大方向确定好，细耕的赛道选择好，下一步就是客户的开发了。受经济大环境、行业增速放缓等因素的影响，很多企业招聘的预算不断缩减，委托猎头岗位的招聘要求和难度越来越大。很多时候顾问投入了大量的时间和精力，但结果却不尽如人意。

可以说，猎头行业的客户红利时代已经过去，并已逐步回归理性。这也是很多猎头公司业务量下滑，猎头顾问开单难、赚不到钱的原因。

为此，无论是从收入的稳定性、委托岗位的优劣，还是合作过程中的配合度、专业度，乃至更深层次的战略合作机会来看，对于当下的猎头公司和顾问而言，都应将优质客户的开发、筛选及优化作为重中之重的工作。

而现实情况是，相当一部分猎头公司和顾问并不具备开发优质客户的能力，开发工作不知道如何开展，甚至毫无思路。

1. 客户端操作难点

客户端操作的难点主要体现在两个方面。

第 2 章 定位：洞察市场找准生意，精准锁定优质客户

猎头行业存在二八定律

大部分猎头顾问没有BD客户的能力

如何开发优质靠谱的客户？
1. 建立专业的评估标准模型
2. 客户端加强客户的把控和运作力
3. 加强多元化的客户服务，做好增值服务

1）只靠少数人开发客户，数量难保证

意大利经济学家巴莱多提出过一个理论，在任何一组东西中，重要的只占其中一小部分，约 20%，另外的 80% 尽管是多数，却是次要的。比如，社会上约 80% 的财富集中在 20% 的人手里，而 80% 的人只拥有 20% 的社会财富，这就是二八定律。

在猎头行业，二八定律也广泛存在。很多猎头公司或团队，在开发客户这方面就是如此，80% 的顾问不能开发，只靠少数人开发。交付端和客户端严重割裂，大部分顾问都在靠别人投喂，吃食的人多，找食的人少，这就会导致开发人员承载着很大的压力。

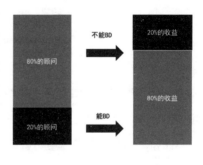

有压力，势必会在开发客户时显得比较弱势，不够硬气，做不到宁缺毋滥。比如，合同中存在一些不利于乙方的条款，往往也不敢去争取，因为怕谈丢了客户，而这很容易为后续合作埋下巨大隐患。

2）缺少判断优质客户的标准和模型

如果说上述情况是"无奈"，明知道客户不够优质，但由于有拓客压力在身，不得不硬着头皮去做，那么还有一种情况则是"无力"。所谓无力，指的是没有能力判断客户的优劣。

2. 优质客户的开发方法

很多顾问在进行客户开发时，不知道从哪些角度判断客户是否值得合作，既没有判断的标准，也没有模型，完全是先合作再说，走一步看一步。想要开发出优质、靠谱的客户，需要做到以下三点。

（1）建立专业的评估标准模型。所谓建立评估模型，指的是确定从哪些方面来判断客户的优劣，并且知道每个方面的评估标准是什么。

比如，判断一名篮球运动员是否优秀，可以从他的进攻能力、防守能力、身体天赋、传球意识、战术理解、执行能力、训练态度，甚至是与教练、队友的相处能力等诸多方面来评估。其中进攻能力，又可以细分为三分球、两分球、罚篮、突破能力等，具体的量化则是看命中率，用数据说话。经过这样的系统评估，一般是不会看走眼的。

猎头行业的客户开发，同样也是如此。判断客户是否优质，以后双方的合作是否顺利，也是有很多标准和方向的。比如，客户合作供应商的数量、上一年实际支出的猎头费用、岗位需求量、客户对猎头渠道的认可和依赖程度、协议条款等。

(2)在客户端加强对客户的把控和运作力。这通常体现在岗位需求沟通、主动挖掘客户需求、岗位状态沟通、候选人推荐理由沟通、面试反馈沟通、流程中人选无进展沟通、客户访谈以及人才盘点等方面。

(3)加强多元化的客户服务,做好增值服务。做别人不做的,做别人做不好的。

不少顾问与客户对接时,秉持着多一事不如少一事的原则,服务的范围往往仅限于本职工作以内,对于不属于顾问的工作,能躲则躲,能推则推。这就是"别人不做"的事。

另外,有些顾问虽然也想做一些增值服务,以此来拉近与客户的关系,但奈何能力有限,常常难以将事情做好。对于别人做不好的事,就意味着机会。

具体到操作流程层面,优质大客户的开发主要分为八个步骤。

第一步:寻找行业内公司。

通过报刊、自媒体、行业公众号等,了解公司的业务扩张、新项目落地、投资注入、行业排名、公司发展目标等基础信息,初步锁定行业内具有龙头地位、发展迅速、高科技企业、瞪羚企业等。

第二步：确定目标公司。

凡是通过猎头渠道招聘的公司，都要将其作为开发的目标公司。至于如何知晓某家公司是否用猎头，主要有三个路径。

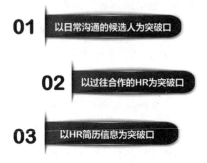

第一个路径，以日常沟通的候选人为突破口。猎头顾问按照日有效沟通 20 个候选人的标准，一个月就能联系 400 人。每个月了解几十家公司是否启用猎头，应该是可以做到的。

第二个路径，以过往合作的 HR 为突破口，积累 HR 资源库，跟着 HR 走。

第三个路径，以 HR 简历信息为突破口。从行业内相关 HR 的简历中往往能找到"供应商"以及"猎头"等关键信息。

第三步：了解客户职能需求方向。

通常情况下，公司用猎头找的岗位大部分都是需求量大、高端、主流的职能岗位，只有了解客户的具体需求才能做到知己知彼。具体方法也是通过日常沟通的候选人。

第四步：知晓 HR 联系信息。

相信以"猎"为核心技能的猎头顾问，在每天大量的日常沟通中，达到知晓 HR 联系信息这一目标并不是件难事。需要提醒的是，一定要跟你的关键候选人（Key Person，KP）保持互动联系。

第五步：与目标客户进行首次电话沟通。

虽然首次电话沟通不会直接决定最终的成败，但也非常重要，需要把握一条基本原则：高度提炼、表达出客户关注的要点。

通常情况下，为了表达出客户关注的三个要点，猎头在沟通的过程中要尽可能体现出以下四方面的信息。

第六步：跟踪签约、试单。

部分客户为了避免与猎头公司签约后无人推荐的情况，通常会提出先试单再签约的要求。我认为，试单是客户给予的机会，要把握住，不要同客户和生意硬杠。

值得提醒的是，前两周是合作的黄金时期，需要兼顾推荐的人选质量、数量，以及客户服务体验，否则很可能会随时出局。

第七步：优势岗位挖掘。

初次合作，客户抛出来的岗位往往是难啃的骨头，以此来验证猎头的能力，这是双方之间的一场博弈。

如何打赢这场博弈战呢？我的经验是，随时创造机会，挖掘符合自身优势职能、有优质候选人资源的岗位，然后尝试以主动推荐候选人的方式，达到"抛砖引玉"的效果。

第八步：确定潜在关键客户。

在对接的过程中要时刻关注客户的情况，并以此做出评估。比如，关注岗位需求量、职位级别、面试反馈速度、HR配合程度、公司市场口碑、市场人才吸引力等信息，由此快速精准地判断哪些是潜在的优质关键客户，该优化的客户绝不能犹豫。与其浪费在那些产出很少甚至没有产出的客户上，不如集中精力寻找新目标。

在实施上述八大步骤的过程中，话术使用和业务场景模拟是非常重要的。只有平时熟练掌握，并运用自如，才能在实战中做到临危不惧，张弛有度。

2.4 警惕"黑名单客户",小心白忙一场

有道是,客户就是上帝。开门做生意,无论产品有多好,服务有多好,价值有多高,最终还得看客户的态度。客户买单,生意才能继续,反之很可能面临倒闭的风险。任何一个行业都是如此,猎头行业自然也不例外。

针对客户的定位也是洞察市场的关键能力之一,一旦选错,很可能会白忙一场。

在猎头行业,企业的招聘负责人就扮演着上帝的角色,掌握着猎头的"生杀"大权,只有他们点头,猎头才有饭吃。

与此同时,当前的猎头市场可谓是僧多粥少,竞争非常激烈。过去是企业负责招聘的HR主动寻找猎头供应商,如今则是多家猎头供应商竞争上位,挤破脑袋寻求合作的可能。

这就导致大多数猎头供应商在客户面前比较弱势,没有太多的话语权。很多时候不得不面对过于苛刻甚至不平等的合作条款,以及某些客户HR的百般挑刺和刁难。毕竟你不干,还有其他供应商等着接手,客户根本不愁没有猎头可用。

尽管如此,我仍希望客户HR能善待猎头,可以严格要求,但请保持应有的尊重和支持。第一,企业HR是公司的一个窗口,代表着公司的形象和口碑;第二,优质的合作成果往往建立在良好的合作关系上,彼此尊重,才更有可能将工作做好。

事实上，尊重和选择都是相互的，企业在选择猎头供应商的同时，猎头也在选择企业。对于有些企业和HR，即使猎头公司手里没有客户，往往也不愿与之合作。更为准确地说，是不能合作。

我总结了6类"黑名单客户"，如右图所示。猎头必须警惕这6类客户！

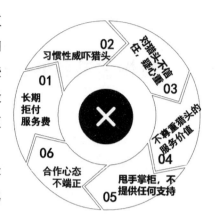

1. 长期拒付服务费

某些HR或许是出于为公司节省招聘成本的考虑，又或是因为公司并没有启用猎头的计划，但自己的招聘压力大，于是擅自联系外部猎头，等有结果了再找各种理由拒付服务费，等等。总之，就是既享受了猎头提供的服务，又不想为服务买单。这类HR绝对是广大猎头深恶痛绝的。

我们合作过的一位酒业公司的招聘总监就属于这种类型。合作了2个月，推荐了二十几个人选，结果对方私下录用了一位渠道总监。当我找到该公司高管沟通此事时，才知道公司并未启动猎头渠道，是该招聘总监的个人行为。

2. 习惯性威吓猎头

某些HR在与猎头供应商合作的过程中，猎头做得稍有不到位，或者是稍不符合其心意，就习惯性地以甲方的身份威吓猎头，动不动就扬言要终止合作。如"不想再跟你们合作了""看来你们是不想干了"等话张口即来，态度非常傲慢、强势。

如果 HR 想利用这种方式管理猎头供应商，那么双方的关系往往并不会长久。

2020 年，我们与国内某著名 AI 医疗公司合作，当时我们的业绩还不错，在数十家猎头供应商中排名前三。然而在合作过程中，该医疗公司的招聘负责人很不尊重猎头的服务，同时猎头顾问表示与对方合作缺少安全感，所以我果断地终止了与这家公司的合作。

3. 对猎头不信任，疑心重

猎头的服务收费是按照候选人的年薪衡量的。然而，个别猎头顾问为了增加服务收费，故意抬高候选人年薪。这种行为导致了部分企业 HR 对合作的猎头服务商产生不信任，疑心较重，甚至会干预猎头顾问的正常操作流程。例如，针对一些高端候选人，本应由猎头顾问进行薪酬的沟通和协调，但 HR 却不让猎头顾问插手，甚至对其隐瞒。

客观地讲，HR 的这种做法实在不明智。一是因为，无数事实证明，没有猎头顾问从中协调，最终双方谈崩的可能性更高，而且企业付出的成本往往更大，得不偿失；二是因为，这种不信任的举动，会极大地伤害猎头顾问的工作积极性，影响后续的进一步合作。

我们有一家深圳做人工智能的客户，他们的 HR 就对我们公司的猎头顾问很不信任，导致业务开展过程中频频受阻、不够顺畅。

公司顾问与候选人接触时，根据经验和当下的市场情况，已经判断出候选人的期望薪酬较高。于是，顾问从客户公司的发展、候选人的职业规划等多方面进行了客观分析，并给予了合理的薪酬建议。但这家客户公司的招聘经理,仍然认为顾问是在故意抬高候选人的期望薪酬,怀疑顾问与候选人相互勾结。

作为企业 HR,保持谨慎是应该有的职业态度,但更应该具备"用人不疑,疑人不用"的智慧和格局。如果不放心,那么,在合作之前可以做更详细、深入的调查。既然选择了合作,就要给予最大程度的信任。

4. 不尊重猎头的服务价值

很多 HR 对猎头顾问推荐的简历不认真对待,不愿意与猎头进行深入的沟通。有些 HR 确实是因为工作忙没来得及看,但相当一部分 HR 是源于内心的傲慢。

专业的猎头顾问推荐给客户的候选人,大多数是比较符合岗位需要的。因为这些人选都是经过精挑细选,逐步筛选出来的。根据猎头行业内的数据统计,猎头每推荐给客户一个候选人,平均需要沟通 50~80 人。

杭州某做基因检测的公司的招聘负责人就是这种做法。放给我们岗位时,需求不明确,顾问推荐过去的候选人,她也不仔细看,很草率地就说不行,具体原因也不告知,就是让我们继续找。

5. 甩手掌柜,不提供任何支持

所谓甩手掌柜,其实就是传话筒类型的 HR,在业务部门和猎头之间负责的仅仅是传递简历、信息。这种类型的 HR 或许没有咄咄逼人的强势,没有过度的猜疑,也没有冷漠高傲的态度,但同样无法令人产生合作的欲望。

一方面，他们不能系统地与猎头顾问沟通公司的基本情况、公司业务、各事业部及区域架构、岗位的核心职责及用人要求等，只是抛出一份千篇一律的职位描述（JD，Job Description），就让猎头去找人。这无疑会增加猎头访寻的难度，顾问因此会做很多无用功。另一方面，对于业务部门对人选的面试反馈，合适及不合适的原因等信息，这类HR也不清楚，这同样会导致招聘效率和效果不尽理想。

所以，从实际效益的角度讲，甩手掌柜型的HR并不是一个专业的、有职业追求的猎头顾问想要遇到的。

四川某酒业公司的招聘经理，跟我们合作时就属于这种情况。他们的HR只负责传递信息，深入和专业的问题基本不和猎头顾问交流。对方态度虽然很好，但是生意很难做成。2023年，我们在这家客户身上投入了很多精力，但只成交了3张单子，顾问的付出和产出严重失衡。

6. 合作心态不端正

这类HR太把自己甲方的身份当回事，会对猎头提出超出服务范围的不合理要求，对猎头提供的专业建议完全听不进去，甚至搬出"我是甲方，一切按照我说的做"的强势姿态。

工作多年之后，我发现越是优秀的HR，反而越是温和谦逊，对甲方、乙方的身份感往往没那么看重。真正有战略视角、有格局的企业几乎都崇尚"价值、服务、合作、共赢"的理念，即使是对服务于他们的供应商，也依然能够以平视的视角对待。

总部在广州的某消费品公司，是我们合作2年多的客户，经常让我们的顾问无偿赠送候选人，表示不送就不合作。这类客户着实让猎头反感，不合作也罢。

Chapter 03
第 3 章

猎头薪酬设计与绩效考核方案

3.1 猎头顾问,业绩到底该怎么分?

很多人对猎头的工作存在认知误区,将猎头直接和销售画等号,认为猎头就是简历搬运工,没有技术难度。

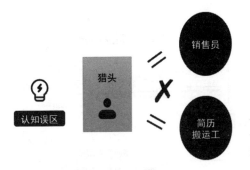

但事实上,作为专业的高端人才招聘服务,整个猎头服务的细节流程非常多,可以划分为 8 个一级服务流程和 32 个二级服务流程,并非外界想象的那么简单。

猎头一级服务流程和二级服务流程如下图所示。

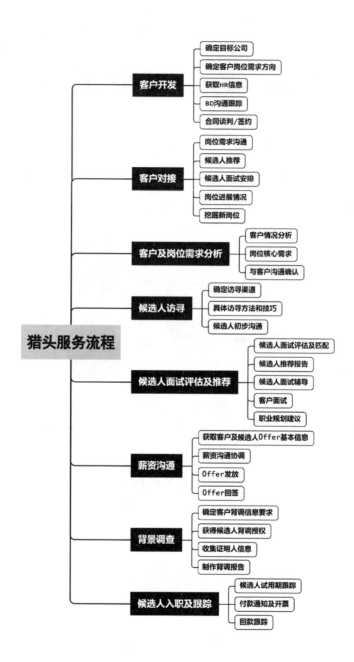

通常情况下，猎头的服务链条并非一人独立完成的，而是在顾问之间分工协作、互相配合、资源共享的情况下完成的。无论是国际还是国内的猎头行业，基本都是如此。

有分工自然就有利益分配，有分配的需求就有分配制度。分配制度既要确保公平、合理、透明，避免出现不公和不平等的情况；同时，还要根据实际情况进行适时调整和优化，以保持持续有效和激励作用。

所以，猎头顾问的业绩分配制度，是猎头公司重要的绩效管理制度之一，通常建立在猎头服务流程的基础之上，按照顾问在整个流程中扮演的角色，以客户回款为基础，全流程的业绩以 100% 为基准来计算。

大体分配规则分为客户端和交付端：客户端一般占比 30% 左右，交付端占比 70% 左右。其中，客户端又可以分为客户开发和客户对接；交付端再具体细化，可分为简历创建、候选人访寻、候选人面试评估等几个阶段。不同的公司，分配规则有所不同：规模较大的公司一般比较细化；而规模较小的公司，业绩分配划分相对比较简单。

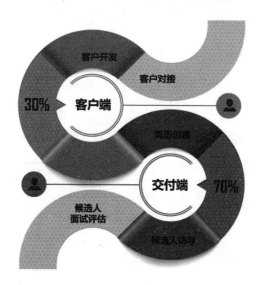

下面分享国内两家猎头公司的顾问业绩分配方案。

公司甲

规模在 20 人左右，业绩分配方案如下图所示。

客户回款	顾问角色		
	客户开发	客户对接	岗位交付
首次合作客户累计回款在30万元以内	25%	5%	70%
客户累计回款超过30万元（含）时	0	20%	80%

公司甲业绩分配方案

该公司的顾问业绩分配方案比较简单，分为客户开发、客户对接和岗位交付三大部分。从分配规则可以看出，公司的猎头业务模式主要以 KA 模式为主，重视猎头顾问对接客户的能力，包括对客户的协调、把控、运作和维护，同时更注重顾问的成单交付能力，而相对弱化客户开发的能力。因为公司规模不大时，通常是以老板或管理者开发客户为主，即该公司更注重猎头顾问的客户对接和交付价值。

公司乙

规模在 200 人左右，业绩分配方案如下图所示。

项目	第一年分配比例	第二年分配比例
客户开发	10%	0
案子来源	10%	15%
客户管理	15%	15%
主做顾问	15%	15%
成功候选人	40%	45%
更新简历	10%	10%
总计	100%	100%

公司乙业绩分配方案

客户开发：起始时间的判定标准为签约日期。

案子来源（Case from）：是以单个案子来看的业绩。有别于以一个客户公司来看的 BD 业绩。

主做顾问（Leading Consultant）：单个案子的主要负责人，由团队长或接案子的人决定。案子的职能及地区须在主做顾问可涉及领域范围内。

客户管理（Client Management）：单个案子层面的客户沟通。原则上由主做顾问担任，除非主做顾问不胜任或客户指定沟通人员。

成功候选人（Successful Candidate）：找到并跟进合适的候选人直到入职后，包括沟通职位，面试安排，谈定 Offer 等。

更新简历（Updated Curriculum Vitae，Updated CV）：系统以录入候选人列表（Search List）作为业绩归属（Credit Owner）的判定。

该公司规模较大，顾问间业绩分配比较细，尤其是交付端的分配非常细致，并且标准定义清晰，便于理解。顾问的每一分付出，都有相应的业绩回报。

需要强调的是，虽然顾问间的业绩分配整体上要遵循上述分配原则，但也应该结合公司的自身情况适当调整，考虑多种因素，不要照搬硬套。

3.2 顾问底薪、回款、基本业绩成本线的动态变化模型

任何领域都有相对应的指标，而且每项指标都有科学、合理的比例范围，猎头行业同样如此。分析一家猎头公司的盈利能力、工作效率、财务状况，往往就是以财务成本指标进行衡量和评估。

通常来讲，影响猎头公司财务数据的主要有五个指标，也是猎头公司计算收入、成本、利润的关键指标，对于团队同样适用。

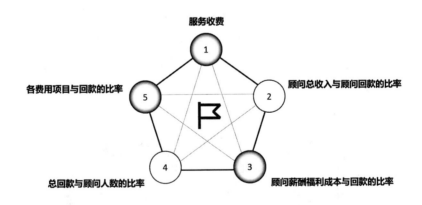

1. 服务收费

服务费是指成功推荐一个候选人入职，猎头所收取的费用。目前国内猎头公司一般是按照候选人年薪的 20%～30% 收取服务费。

2. 顾问总收入与顾问回款的比率

该指标指的是猎头顾问总收入（主要包括基本薪水、业绩提成、奖金、补助这4个主要部分）占顾问年总回款的比例，是衡量猎头公司绩效提成制度是否科学与合理的核心指标。

3. 顾问薪酬福利成本与回款的比率

该指标是成本控制的核心指标，或者说是基础指标。猎头公司的成本控制和利润目标都以该指标为重要的参考标准。猎头属于轻资产行业，成本主要来自顾问薪酬、福利和房租，其中前者所占的比重远大于后者。

4. 总回款与顾问人数的比率

该指标反映的是顾问人均回款，通常叫顾问人均单产，这是判断公司盈亏平衡点的一个堪称风向标性的指标。当该指标低于某一数值时，说明公司盈利可能为负值。

5. 费用与回款的比率

除了薪酬福利之外，房租水电、综合办公、税金这几项也是猎头公司费用中的常规项目，各项所占回款的比例通常也有合理的范围。

以上五个财务类指标，无论你是猎头公司的管理者，还是普通的猎头顾问，都有必要认真了解，毕竟与自己的收入是直接挂钩的。

能赚多少钱是每个猎头从业者都比较关注的问题。所以，本节将重点分析"顾问总收入与顾问回款的比率"这个指标的工具模型。

猎头公司的顾问收入，主要包括顾问基本年薪（月薪×12）+业绩提成+奖金+补助，其中奖金和补助占比很小，在做模型测算时，可忽略不计。而顾问回款，是指财年内成功推荐岗位的总回款，且候选人已经通过合同规定的保证期限。

在国内的猎头行业，顾问收入占顾问回款的比例在30%左右是比较合理的。但根据公司的发展阶段、规模、品牌等因素的差异，大体上可以分为以下三种情况。

初创型猎头公司	中等规模猎头公司	超大规模猎头公司
10人以下	200人上下	500人以上
这类公司的成本相对较低，公司资源支持、培训投入等较少，顾问收入占业绩的比例相对较高，在40%左右。	顾问收入通常占业绩比例的30%~40%。	各方面投入的成本较高，顾问收入占业绩比例在20%~25%。

从提成模式来看，主要有两种。

通常情况下，顾问的业绩成本线（Baseline）是顾问月薪乘以一个系数。例如，月薪×30，月薪×36，月薪×48，等等。顾问业绩提成在顾问总业绩扣除顾问业绩成本线后，按照20%～40%提成。

 案例

国内某200人左右的中等规模猎头公司，顾问提成模型如下表。

倍数	顾问底薪（元）	回款（元）	Baseline(元)	超出业绩（元）	倍数	提成（元）	总收入（元）	收入占回款的比例
36	6000	320000	216000	104000	1.48	36400	108400	33.88%
	6000	400000	216000	184000	1.85	72000	144000	36.00%
	6000	500000	216000	284000	2.31	117000	189000	37.80%
	6000	700000	216000	484000	3.24	215000	287000	41.00%
	6000	1000000	216000	784000	4.63	365000	437000	43.70%
	7000	300000	252000	48000	1.19	16800	100800	33.60%
	7000	500000	252000	248000	1.98	99000	183000	36.60%
	7000	650000	252000	398000	2.58	167500	251500	38.69%
	7000	1000000	252000	748000	3.97	342500	426500	42.65%
	7500	300000	270000	30000	1.11	10500	100500	33.50%
	7500	500000	270000	230000	1.85	90000	180000	36.00%
	7500	800000	270000	530000	2.96	231250	321250	40.16%
	7500	1000000	270000	730000	3.70	331250	421250	42.13%
	8000	350000	288000	62000	1.22	21700	117700	33.63%
	8000	550000	288000	262000	1.91	103500	199500	36.27%
	8000	800000	288000	512000	2.78	220000	316000	39.50%
	8000	1000000	288000	712000	3.47	320000	416000	41.60%

注：

年度累计回款/Baseline=1倍～1.5倍（含），提成=超出Baseline的业绩×35%=（回款-Baseline）×35%；

年度累计回款/Baseline=1.5倍～2.5倍（含），提成=（1～1.5倍Baseline的区间业绩）×35%+超出1.5倍Baseline的业绩×45%；

年度累计回款/Baseline=2.5倍以上，提成=（1～1.5倍Baseline的区间业绩）×35%+（1.5～2.5倍Baseline的区间业绩）×45%+超出2.5倍Baseline的业绩×50%。

举个例子，顾问A的月底薪为7000元，则Baseline=7000元×36=252000元。

3月～8月累计回款200000元，没有达到Baseline，无提成。

当年 3 月～次年 1 月累计回款 350000 元，回款 /Baseline=1.39 倍，则提成 =（350000 元-252000 元）×35%×80%=27440 元（期间发放实际提成的 80%，年底统一结算）。

当年 3 月～次年 2 月累计回款 650000 元，年度累计回款 /Baseline=2.58 倍，本财年结束月（次年 2 月）的提成 =(252000 元 ×1.5-252000 元)×35% + 252000 元 ×45% + (650000 元-252000 元 ×2.5)×50%-27440 元 =140060 元。

顾问 A 本财年收入 =7000 元 ×12 + 27440 元 + 140060 元 = 251500 元，收入占回款比 38.69%。

大量的实践证明，这个计算模型是比较科学合理的。猎头公司根据自身的实际情况，可以在一定范围内进行灵活调整。比如，可以调整顾问底薪、顾问业绩成本线系数以及提成比例等，只要保证顾问总收入占顾问业绩的比例在 20%～40% 之间即可。

3.3 国内七大猎头公司顾问收入及提成模型分析

在国内的猎头市场中，具有一定规模的猎头公司，其顾问的提成模式基本都具备业绩成本线属性。然而每家公司由于公司战略、经营理念、规模、业务模式、管理方式、公司品牌、资源支持、顾问培训投入等方面的差异，顾问提成公式、顾问收入及收入占业绩的比率也有所差别。

我调研了国内 7 家一线猎头公司的顾问佣金提成模型，下面将对每家公司的情况进行简单梳理。

公司一

某大型著名外资公司，规模超 1000 人。年收入及年收入占年业绩的百分比如下图所示。

图1 年收入　　　　　　　　　　　　　　　　　　　　　　　　　单位：元

月薪	Baseline	年业绩									
		200000	250000	300000	350000	400000	450000	500000	550000	600000	650000	700000
3000	90000	52500	63200	78000	93200	110400	136800	159000	174000	189000	204000	219000
3500	105000	56250	63750	75150	91000	106900	124800	144700	166600	190500	205500	220500
4000	120000	60000	67500	78600	87100	104000	120600	139200	159800	182400	196400	222000
4500	135000	63750	71250	78750	90550	99050	117000	134300	153600	165600	187900	212200
5000	180000	63000	70500	78000	85500	93000	105900	114400	134000	144000	163400	174400
5500	198000	66300	73800	81300	88800	96300	103800	117340	125840	146400	156400	176440
6000	216000	72000	77100	84600	92100	99600	107100	114600	128780	137280	158800	168800
6500	234000	78000	80400	87900	95400	102900	110400	117900	125400	140220	148720	157220
7000	252000	84000	84000	91200	98700	106200	113700	121200	128700	136200	151660	160160
7500	270000	90000	90000	94500	102000	109500	117000	124500	132000	139500	147000	163100
8000	288000	96000	96000	97800	105300	112800	120300	127800	135300	142800	150300	157800

图2 年收入占年业绩的百分比　　　　　　　　　　　　　　　　　　　　　　　单位：元

月薪	Baseline	年业绩									
		200000	250000	300000	350000	400000	450000	500000	550000	600000	650000	700000
3000	90000	26.25%	25.28%	26.00%	26.63%	27.60%	30.40%	31.80%	31.64%	31.50%	31.38%	31.29%
3500	105000	28.13%	25.50%	25.05%	26.00%	26.73%	27.73%	28.94%	30.29%	31.75%	31.62%	31.50%
4000	120000	30.00%	27.00%	26.20%	24.89%	26.00%	26.80%	27.84%	29.05%	30.40%	30.22%	31.71%
4500	135000	31.88%	28.50%	26.25%	25.87%	24.76%	26.00%	26.86%	27.93%	27.60%	28.91%	30.31%
5000	180000	31.50%	28.20%	26.00%	24.43%	23.25%	23.53%	22.88%	24.36%	24.00%	25.14%	24.91%
5500	198000	33.15%	29.52%	27.10%	25.37%	24.08%	23.07%	23.47%	22.88%	24.40%	24.06%	25.21%
6000	216000	36.00%	30.84%	28.20%	26.31%	24.90%	23.80%	22.92%	23.41%	22.88%	24.43%	24.11%
6500	234000	39.00%	32.16%	29.30%	27.26%	25.73%	24.53%	23.58%	22.80%	23.37%	22.88%	22.46%
7000	252000	42.00%	33.60%	30.40%	28.20%	26.55%	25.27%	24.24%	23.40%	22.70%	23.33%	22.88%
7500	270000	45.00%	36.00%	31.50%	29.14%	27.38%	26.00%	24.90%	24.00%	23.25%	22.62%	23.30%
8000	288000	48.00%	38.40%	32.60%	30.09%	28.20%	26.73%	25.56%	24.60%	23.80%	23.12%	22.54%

（1）当 Baseline 完成率为百分百时，收入占业绩的比例为 22.92%，稍微偏低。

（2）公司成长性好，在合理的业绩完成范围内提成点会随完成率的升高而升高。

（3）同样的业绩下，底薪越低收入越高，对业绩有自信的顾问一般愿意低底薪。

（4）该公司是大型外资猎头公司，薪资架构复杂，表中仅为底薪＋提成，不包含奖金及其他福利，所以看起来会偏低。值得一提的是，多层次薪资构架的激励效果更好。

（5）虽然收入业绩占比低于市场 30% 的平均水平，但是由于该公司是大型外资猎头公司，福利、培训投入、资源支持、公司品牌、精细化管理等方面非常突出，所以 22.92% 的比率是相对合理的。

公司二

国内某著名中等规模猎头公司，规模超 200 人。年收入及年收入占年业绩的百分比如下图所示。

图1 年收入   单位：元

底薪	年任务	Baseline	年薪	年业绩									
				200000	250000	300000	350000	400000	450000	500000	550000	600000	650000	700000
3000	240000	144000	36000	59722	81163	84375	87500	100000	112500	125000	137500	150000	162500	175000
3500	280000	168000	42000	54762	77753	95536	98437	100000	112500	125000	137500	150000	162500	175000
4000	320000	192000	48000	51042	71940	96094	109831	112500	112500	125000	137500	150000	162500	175000
4500	360000	216000	54000	54000	67419	89583	114641	124074	126562	126157	137500	150000	162500	175000
5000	400000	240000	60000	60000	63802	84375	107552	133333	138281	140625	140365	150000	162500	175000
5500	440000	264000	66000	66000	66000	80114	101752	125758	147869	152462	154687	154545	162500	175000
6000	480000	288000	72000	72000	72000	76562	96918	119444	144141	162326	166623	168750	168907	175000
6500	520000	312000	78000	78000	78000	78000	92829	114103	137380	162660	176723	180769	182812	182853
7000	560000	336000	84000	84000	84000	84000	89323	109524	131585	155506	181287	191071	194903	196875
7500	600000	360000	90000	90000	90000	90000	90000	105556	126562	149306	173785	200000	205382	209028
8000	640000	384000	96000	96000	96000	96000	96000	102083	122168	143680	167220	192187	214551	219861
8500	680000	408000	102000	102000	102000	102000	102000	102000	118290	139093	161428	185294	210692	229044
9000	720000	432000	108000	108000	108000	108000	108000	108000	114844	134838	156279	179167	203501	229282
9500	760000	456000	114000	114000	114000	114000	114000	114000	114000	131031	151672	173684	197067	221820
10000	800000	480000	120000	120000	120000	120000	120000	120000	120000	127604	147526	168750	191276	215104

图2 年收入占年业绩的百分比   单位：元

底薪	年任务	Baseline	年薪	年业绩									
				200000	250000	300000	350000	400000	450000	500000	550000	600000	650000	700000
3000	240000	144000	36000	29.86%	32.47%	28.12%	25.00%	25.00%	25.00%	25.00%	25.00%	25.00%	25.00%	25.00%
3500	280000	168000	42000	27.38%	31.10%	31.85%	28.12%	25.00%	25.00%	25.00%	25.00%	25.00%	25.00%	25.00%
4000	320000	192000	48000	25.52%	28.78%	32.03%	31.38%	28.12%	25.00%	25.00%	25.00%	25.00%	25.00%	25.00%
4500	360000	216000	54000	27.00%	26.97%	29.86%	32.75%	31.02%	28.12%	25.23%	25.00%	25.00%	25.00%	25.00%
5000	400000	240000	60000	30.00%	25.52%	28.12%	30.73%	33.33%	30.73%	28.12%	25.52%	25.00%	25.00%	25.00%
5500	440000	264000	66000	33.00%	26.40%	26.70%	29.07%	31.44%	32.86%	30.49%	28.12%	25.76%	25.00%	25.00%
6000	480000	288000	72000	36.00%	28.80%	25.52%	27.69%	29.86%	32.03%	32.47%	30.30%	28.12%	25.95%	25.00%
6500	520000	312000	78000	39.00%	31.20%	26.00%	26.52%	28.53%	30.53%	32.53%	32.13%	30.13%	28.12%	26.12%
7000	560000	336000	84000	42.00%	33.60%	28.00%	25.52%	27.38%	29.24%	31.10%	32.96%	31.85%	29.98%	28.12%
7500	600000	360000	90000	45.00%	36.00%	30.00%	25.71%	26.39%	28.12%	29.86%	31.60%	33.33%	31.60%	29.86%
8000	640000	384000	96000	48.00%	38.40%	32.00%	27.43%	25.52%	27.15%	28.78%	30.40%	32.03%	33.01%	31.38%
8500	680000	408000	102000	51.00%	40.80%	34.00%	29.14%	25.50%	26.27%	27.82%	29.35%	30.88%	32.41%	32.72%
9000	720000	432000	108000	54.00%	43.20%	36.00%	30.86%	27.00%	25.52%	26.97%	28.41%	29.86%	31.31%	32.75%
9500	760000	456000	114000	57.00%	45.60%	38.00%	32.57%	28.50%	25.33%	26.21%	27.58%	28.95%	30.32%	31.69%
10000	800000	480000	120000	60.00%	48.00%	40.00%	34.29%	30.00%	26.67%	25.52%	26.82%	28.12%	29.43%	30.73%

（1）鼓励100%的业绩完成率，即要求完成月薪80倍对应的业绩任务。

（2）超额比较多的话，一方面可以把业绩攒到下一年算提成，另一方面可以为加薪提供依据。

（3）整体收入占业绩的比率在25%～33%，比较合理。

（4）底薪中有20%的比例是根据KPI的完成情况来确定的。

公司三

某著名大型外资猎头公司，规模超1000人。年收入及年收入占年业绩的百分比如下图所示。

图1 年收入　　　　　　　　　　　　　　　　　　　　　　　　　　　　　　　　　单位：元

底薪	年任务	Baseline	年业绩									
			200000	250000	300000	350000	400000	450000	500000	550000	600000	650000	700000
3000	300000	150000	46000	56000	81000	96000	111000	156000	176000	196000	216000	236000	256000
3500	350000	165000	49000	59000	69000	97500	112500	127500	176000	196000	216000	236000	256000
4000	400000	180000	52000	62000	72000	82000	114000	129000	144000	196000	216000	236000	256000
4500	450000	195000	55000	65000	75000	85000	115500	130500	145500	160500	216000	236000	256000
5000	500000	210000	60000	68000	78000	88000	98000	132000	147000	162000	177000	236000	256000
5500	550000	225000	66000	71000	81000	91000	101000	133500	148500	163500	178500	193500	256000
6000	600000	240000	72000	74000	84000	94000	104000	114000	**150000**	165000	180000	195000	210000
6500	650000	255000	78000	78000	87000	97000	107000	117000	127000	166500	181500	196500	211500
7000	700000	270000	84000	84000	90000	100000	110000	120000	130000	168000	183000	198000	213000
7500	750000	285000	90000	90000	93000	103000	113000	123000	133000	143000	184500	199500	214500
8000	800000	300000	96000	96000	96000	106000	116000	126000	136000	146000	186000	201000	216000
8500	850000	315000	102000	102000	102000	109000	119000	129000	139000	149000	159000	202500	217500
9000	900000	330000	108000	108000	108000	112000	122000	132000	142000	152000	162000	172000	219000
9500	950000	345000	114000	114000	114000	115000	125000	135000	145000	155000	165000	175000	220500
10000	1000000	360000	120000	120000	120000	120000	128000	138000	148000	158000	168000	178000	188000

图2 年收入占年业绩的百分比　　　　　　　　　　　　　　　　　　　　　　　　单位：元

底薪	年任务	Baseline	年业绩									
			200000	250000	300000	350000	400000	450000	500000	550000	600000	650000	700000
3000	300000	150000	23.00%	22.40%	27.00%	27.43%	27.75%	34.67%	35.20%	35.64%	36.00%	36.31%	36.57%
3500	350000	165000	24.50%	23.60%	23.00%	27.86%	28.13%	28.33%	35.20%	35.64%	36.00%	36.31%	36.57%
4000	400000	180000	26.00%	24.80%	24.00%	23.43%	28.50%	28.67%	28.80%	35.64%	36.00%	36.31%	36.57%
4500	450000	195000	27.50%	26.00%	25.00%	24.29%	28.88%	29.00%	29.10%	29.18%	36.00%	36.31%	36.57%
5000	500000	210000	30.00%	27.20%	26.00%	25.14%	24.50%	29.33%	29.40%	29.45%	29.50%	36.31%	36.57%
5500	550000	225000	33.00%	28.40%	27.00%	26.00%	25.25%	29.67%	29.70%	29.73%	29.75%	29.77%	36.57%
6000	600000	240000	36.00%	29.60%	28.00%	26.86%	26.00%	25.33%	30.00%	30.00%	30.00%	30.00%	30.00%
6500	650000	255000	39.00%	31.20%	29.00%	27.71%	26.75%	26.00%	25.40%	30.27%	30.25%	30.23%	30.21%
7000	700000	270000	42.00%	33.60%	30.00%	28.57%	27.50%	26.67%	26.00%	30.55%	30.50%	30.46%	30.43%
7500	750000	285000	45.00%	36.00%	31.00%	29.43%	28.25%	27.33%	26.60%	26.00%	30.75%	30.69%	30.64%
8000	800000	300000	48.00%	38.40%	32.00%	30.29%	29.00%	28.00%	27.20%	26.55%	31.00%	30.92%	30.86%
8500	850000	315000	51.00%	40.80%	34.00%	31.14%	29.75%	28.67%	27.80%	27.09%	26.50%	31.15%	31.07%
9000	900000	330000	54.00%	43.20%	36.00%	32.00%	30.50%	29.33%	28.40%	27.64%	27.00%	26.46%	31.29%
9500	950000	345000	57.00%	45.60%	38.00%	32.86%	31.25%	30.00%	29.00%	28.18%	27.50%	26.92%	31.50%
10000	1000000	360000	60.00%	48.00%	40.00%	34.29%	32.00%	30.67%	29.60%	28.73%	28.00%	27.38%	26.86%

（1）鼓励高完成率，超过150%的完成率之后，收入占业绩的比例会迅速上升。

（2）在一定的业绩金额下，完成同样的业绩时，低底薪的顾问收入绝对值高，但收入业绩占比低；而超出一定的业绩金额，情况则恰好相反。

（3）低底薪的收入占业绩的比率整体偏低，说明公司对顾问的能力定位是比较高的，顾问招聘定位为高底薪、高素质。

（4）该公司的顾问提成制度复杂、并不规则。但公司可以通过财务测算，对顾问完成业绩的预判，定位底薪，控制顾问收入占比，从而达到控制顾问薪酬福利成本的效果。

国内某大型猎头公司，规模超 1000 人。年收入及年收入占年业绩的百分比如下图所示。

图1 年收入   单位：元

月薪	Baseline 系数	Baseline	年业绩									
			200000	250000	300000	350000	400000	450000	500000	550000	600000	650000	700000
3000	3.5	126000	66000	73500	81000	95500	116000	126000	150000	165000	180000	195000	210000
3500	3.625	152250	72000	79500	87000	94500	110000	118500	150000	165000	180000	195000	210000
4000	3.75	180000	78000	85500	93000	100500	108000	124500	150000	165000	180000	195000	210000
4500	3.875	209250	54000	91500	99000	106500	114000	121500	150000	165000	180000	195000	210000
5000	4	240000	60000	97500	105000	112500	120000	127500	150000	165000	180000	195000	210000
5500	4.125	272250	66000	66000	111000	118500	126000	133500	150000	165000	180000	195000	210000
6000	4.25	306000	72000	72000	72000	124500	132000	139500	150000	165000	180000	195000	210000
6500	4.375	341250	78000	78000	78000	130500	138000	145500	150000	165000	180000	195000	210000
7000	4.5	378000	84000	84000	84000	84000	144000	151500	150000	165000	180000	195000	210000
7500	4.625	416250	90000	90000	90000	90000	90000	157500	150000	165000	180000	195000	210000
8000	4.75	456000	96000	96000	96000	96000	96000	96000	150000	165000	180000	195000	210000

图2 年收入占年业绩的百分比   单位：元

月薪	Baseline		年业绩									
	方案1	方案2	200000	250000	300000	350000	400000	450000	500000	550000	600000	650000	700000
3000	126000	150000	33.00%	29.40%	27.00%	27.29%	29.00%	28.00%	30.00%	30.00%	30.00%	30.00%	30.00%
3500	152250	165000	36.00%	31.80%	29.00%	27.00%	27.50%	26.33%	30.00%	30.00%	30.00%	30.00%	30.00%
4000	180000	180000	39.00%	34.20%	31.00%	28.71%	27.00%	27.67%	30.00%	30.00%	30.00%	30.00%	30.00%
4500	209250	195000	27.00%	36.60%	33.00%	30.43%	28.50%	27.00%	30.00%	30.00%	30.00%	30.00%	30.00%
5000	240000	210000	30.00%	39.00%	35.00%	32.14%	30.00%	28.33%	30.00%	30.00%	30.00%	30.00%	30.00%
5500	272250	225000	33.00%	26.40%	37.00%	33.86%	31.50%	29.67%	30.00%	30.00%	30.00%	30.00%	30.00%
6000	306000	240000	36.00%	28.80%	24.00%	35.57%	33.00%	31.00%	30.00%	30.00%	30.00%	30.00%	30.00%
6500	341250	255000	39.00%	31.20%	26.00%	37.29%	34.50%	32.33%	30.00%	30.00%	30.00%	30.00%	30.00%
7000	378000	270000	42.00%	33.60%	28.00%	24.00%	36.00%	33.67%	30.00%	30.00%	30.00%	30.00%	30.00%
7500	416250	285000	45.00%	36.00%	30.00%	25.71%	22.50%	35.00%	30.00%	30.00%	30.00%	30.00%	30.00%
8000	456000	300000	48.00%	38.40%	32.00%	27.43%	24.00%	21.33%	30.00%	30.00%	30.00%	30.00%	30.00%

（1）根据顾问级别的不同，关于顾问基本业绩成本线，公司采取的是两种方案。

方案1：Baseline＝月薪×系数×12。

方案2：Baseline＝（月薪×2.5＋5000）×12。例如，当月薪为 6000 元时，Baseline＝（6000 元×2.5＋5000 元）×12=240000 元。

（2）整体收入占业绩的比例在 30% 左右，对于 1000 人的大规模公司来说，算是比较高的。

（3）鼓励 50 万元以上的业绩顾问，会给固定 30% 的分配比率。

（4）对于超额业绩的激励不够，提成点没有成长性。

（5）同等业绩底薪越低收入越高，说明鼓励低底薪。

（6）该公司顾问底薪在行业内被公认为是偏低的，其顾问招聘策略与绩效提成相契合。

公司五

国内某中等规模的猎头公司，规模超 400 人。年收入及年收入占年业绩的百分比如下图所示。

图1 年收入   单位：元

底薪	Baseline	年业绩									
		200000	250000	300000	350000	400000	450000	500000	550000	600000	650000	700000
3000	144000	50000	67800	90600	108100	138400	158400	190520	211520	232520	253520	274520
3500	168000	50000	62500	81600	105700	123200	154800	186440	207440	228440	249440	270440
4000	192000	50000	62500	80400	95400	120800	138300	182360	203360	224360	245360	266360
4500	216000	54000	62500	75000	94200	109200	135900	164080	199280	220280	241280	262280
5000	240000	60000	62500	75000	87500	108000	123000	161200	179700	216200	237200	258200
5500	264000	66000	66000	75000	87500	106800	121800	146520	176820	195320	213820	254120
6000	288000	72000	72000	75000	87500	100000	120600	144840	160840	192440	210940	229440
6500	312000	78000	78000	78000	87500	100000	112500	143160	159160	175160	208060	226560
7000	336000	84000	84000	84000	87500	100000	112500	133280	157480	173480	189480	223680
7500	360000	90000	90000	90000	90000	100000	112500	132800	155800	171800	187800	203800
8000	384000	96000	96000	96000	96000	100000	112500	132320	145820	170120	186120	202120
8500	408000	102000	102000	102000	102000	102000	112500	131840	145340	158840	184440	200440
9000	432000	108000	108000	108000	108000	108000	112500	131360	144860	158360	182760	198760
9500	456000	114000	114000	114000	114000	114000	114000	130880	144380	157880	171380	197080
10000	480000	120000	120000	120000	120000	120000	120000	130400	143900	157400	170900	184400

图2 年收入占年业绩的百分比　　　　　　　　　　　　　　　　　　　　　　　　单位：元

底薪	Baseline	年业绩									
		200000	250000	300000	350000	400000	450000	500000	550000	600000	650000	700000
3000	144000	25.00%	27.12%	30.20%	30.89%	34.60%	35.20%	38.10%	38.46%	38.75%	39.00%	39.22%
3500	168000	25.00%	25.00%	27.20%	30.20%	30.80%	34.40%	37.29%	37.72%	38.07%	38.38%	38.63%
4000	192000	25.00%	25.00%	26.80%	27.26%	30.20%	30.73%	36.47%	36.97%	37.39%	37.75%	38.05%
4500	216000	27.00%	25.00%	25.00%	26.91%	27.30%	30.20%	32.82%	36.23%	36.71%	37.12%	37.47%
5000	240000	30.00%	25.00%	25.00%	25.00%	27.00%	27.33%	32.24%	32.67%	36.03%	36.49%	36.89%
5500	264000	33.00%	26.40%	25.00%	25.00%	25.00%	26.70%	27.07%	29.30%	32.15%	32.55%	32.90%	36.30%
6000	288000	36.00%	28.80%	25.00%	25.00%	25.00%	26.80%	28.97%	29.24%	32.07%	32.45%	32.78%
6500	312000	39.00%	31.20%	26.00%	25.00%	25.00%	25.00%	28.63%	28.94%	29.19%	32.01%	32.37%
7000	336000	42.00%	33.60%	28.00%	25.00%	25.00%	25.00%	26.66%	28.63%	28.91%	29.15%	31.95%
7500	360000	45.00%	36.00%	30.00%	25.71%	25.00%	25.00%	26.56%	28.33%	28.63%	28.89%	29.11%
8000	384000	48.00%	38.40%	32.00%	27.43%	25.00%	25.00%	26.46%	26.51%	28.35%	28.63%	28.87%
8500	408000	51.00%	40.80%	34.00%	29.14%	25.50%	25.00%	26.37%	26.43%	26.47%	28.38%	28.63%
9000	432000	54.00%	43.20%	36.00%	30.86%	27.00%	25.00%	26.27%	26.34%	26.39%	28.12%	28.39%
9500	456000	57.00%	45.60%	38.00%	32.57%	28.50%	25.33%	26.18%	26.25%	26.31%	26.37%	28.15%
10000	480000	60.00%	48.00%	40.00%	34.29%	30.00%	26.67%	26.08%	26.16%	26.23%	26.29%	26.34%

（1）提成公式简明、直观。

（2）Baseline=月薪×48，起提点为25%。

（3）48倍的Baseline系数可以较好地降低公司风险，并且与最低25%的提成点无缝衔接，很合理。

（4）鼓励高完成率、低底薪，提成点的成长性很好，而且比较合理。

（5）整体提成水平偏低，但是主观感受还可以。

公司六

国内某中等规模的猎头公司，规模超300人。年收入及年收入占年业绩的百分比如下图所示。

图1 年收入（系数为30%） 单位：元

底薪	Baseline	年业绩										
		200000	250000	300000	350000	400000	450000	500000	550000	600000	650000	700000
3000	126000	58200	73200	88200	103200	118200	133200	148200	163200	178200	193200	208200
3500	147000	57900	72900	87900	102900	117900	132900	147900	162900	177900	192900	207900
4000	168000	57600	72600	87600	102600	117600	132600	147600	162600	177600	192600	207600
4500	189000	57300	72300	87300	102300	117300	132300	147300	162300	177300	192300	207300
5000	210000	60000	72000	87000	102000	117000	132000	147000	162000	177000	192000	207000
5500	231000	66000	71700	86700	101700	116700	131700	146700	161700	176700	191700	206700
6000	252000	72000	72000	86400	101400	116400	131400	146400	161400	176400	191400	206400
6500	273000	78000	78000	86100	101100	116100	131100	146100	161100	176100	191100	206100
7000	294000	84000	84000	85800	100800	115800	130800	145800	160800	175800	190800	205800
7500	315000	90000	90000	90000	100500	115500	130500	145500	160500	175500	190500	205500
8000	336000	96000	96000	96000	100200	115200	130200	145200	160200	175200	190200	205200

图2 年收入（系数为30%）占年业绩的百分比 单位：元

底薪	Baseline	年业绩										
		200000	250000	300000	350000	400000	450000	500000	550000	600000	650000	700000
3000	126000	29.10%	29.28%	29.40%	29.49%	29.55%	29.60%	29.64%	29.67%	29.70%	29.72%	29.74%
3500	147000	28.95%	29.16%	29.30%	29.40%	29.48%	29.53%	29.58%	29.62%	29.65%	29.68%	29.70%
4000	168000	28.80%	29.04%	29.20%	29.31%	29.40%	29.47%	29.52%	29.56%	29.60%	29.63%	29.66%
4500	189000	28.65%	28.92%	29.10%	29.23%	29.33%	29.40%	29.46%	29.51%	29.55%	29.58%	29.61%
5000	210000	30.00%	28.80%	29.00%	29.14%	29.25%	29.33%	29.40%	29.45%	29.50%	29.54%	29.57%
5500	231000	33.00%	28.68%	28.90%	29.06%	29.18%	29.27%	29.34%	29.40%	29.45%	29.49%	29.53%
6000	252000	36.00%	28.80%	28.80%	28.97%	29.10%	29.20%	29.28%	29.35%	29.40%	29.45%	29.49%
6500	273000	39.00%	31.20%	28.70%	28.89%	29.03%	29.13%	29.22%	29.29%	29.35%	29.40%	29.44%
7000	294000	42.00%	33.60%	28.60%	28.80%	28.95%	29.07%	29.16%	29.24%	29.30%	29.35%	29.40%
7500	315000	45.00%	36.00%	30.00%	28.71%	28.88%	29.00%	29.10%	29.18%	29.25%	29.31%	29.36%
8000	336000	48.00%	38.40%	32.00%	28.63%	28.80%	28.93%	29.04%	29.13%	29.20%	29.26%	29.31%

图3 年收入（系数为45%） 单位：元

底薪	Baseline	年业绩										
		200000	250000	300000	350000	400000	450000	500000	550000	600000	650000	700000
3000	126000	69300	91800	114300	136800	159300	181800	204300	226800	249300	271800	294300
3500	147000	65850	88350	110850	133350	155850	178350	200850	223350	245850	268350	290850
4000	168000	62400	84900	107400	129900	152400	174900	197400	219900	242400	264900	287400
4500	189000	58950	81450	103950	126450	148950	171450	193950	216450	238950	261450	283950
5000	210000	60000	78000	100500	123000	145500	168000	190500	213000	235500	258000	280500
5500	231000	66000	74550	97050	119550	142050	164550	187050	209550	232050	254550	277050
6000	252000	72000	72000	93600	116100	138600	161100	183600	206100	228600	251100	273600
6500	273000	78000	78000	90150	112650	135150	157650	180150	202650	225150	247650	270150
7000	294000	84000	84000	86700	109200	131700	154200	176700	199200	221700	244200	266700
7500	315000	90000	90000	90000	105750	128250	150750	173250	195750	218250	240750	263250
8000	336000	96000	96000	96000	102300	124800	147300	169800	192300	214800	237300	259800

图4 年收入（系数为45%）占年业绩的百分比　　　　　　　　　　　　　　　单位：元

底薪	Baseline	年业绩									
		200000	250000	300000	350000	400000	450000	500000	550000	600000	650000	700000
3000	126000	34.65%	36.72%	38.10%	39.09%	39.83%	40.40%	40.86%	41.24%	41.55%	41.82%	42.04%
3500	147000	32.93%	35.34%	36.95%	38.10%	38.96%	39.63%	40.17%	40.61%	40.98%	41.28%	41.55%
4000	168000	31.20%	33.96%	35.80%	37.11%	38.10%	38.87%	39.48%	39.98%	40.40%	40.75%	41.06%
4500	189000	29.48%	32.58%	34.65%	36.13%	37.24%	38.10%	38.79%	39.35%	39.83%	40.22%	40.56%
5000	210000	30.00%	31.20%	33.50%	35.14%	36.38%	37.33%	38.10%	38.73%	39.25%	39.69%	40.07%
5500	231000	33.00%	29.82%	32.35%	34.16%	35.51%	36.57%	37.41%	38.10%	38.68%	39.16%	39.58%
6000	252000	36.00%	28.80%	31.20%	33.17%	34.65%	35.80%	36.72%	37.47%	38.10%	38.63%	39.09%
6500	273000	39.00%	31.20%	30.05%	32.19%	33.79%	35.03%	36.03%	36.85%	37.53%	38.10%	38.59%
7000	294000	42.00%	33.60%	28.90%	31.20%	32.93%	34.27%	35.34%	36.22%	36.95%	37.57%	38.10%
7500	315000	45.00%	36.00%	30.00%	30.21%	32.06%	33.50%	34.65%	35.59%	36.38%	37.04%	37.61%
8000	336000	48.00%	38.40%	32.00%	29.23%	31.20%	32.73%	33.96%	34.96%	35.80%	36.51%	37.11%

（1）Baseline=月薪×42。

（2）整体收入占业绩的比率比较高，跟公司扁平化组织结构有关。

（3）通过 KPI 及综合考评来调解提成点，很好地把组织文化和绩效考核融入到提成体系中。

（4）该模型适合不想做管理者只想赚钱的成熟顾问。

公司七

国内某大型猎头公司，规模超 1000 人。提成率、年收入及年收入占年业绩的百分比如下图所示。

图1 提成率　　　　　　　　　　　　　　　　　　　　　　　　　　　　　　　　　　　　　　　单位：元

底薪	业绩指标	Baseline	年业绩											
			200000	300000	400000	500000	600000	700000	800000	900000	1000000	1100000	1200000	1300000	1400000	1500000
4000	432000	259200	0.00%	0.00%	0.00%	18.00%	21.00%	21.00%	22.00%	24.00%	24.00%	26.50%	26.50%	26.50%	26.50%
4500	486000	291600	0.00%	0.00%	0.00%	18.00%	21.00%	21.00%	22.00%	24.00%	24.00%	26.50%	26.50%	26.50%	26.50%
5000	540000	324000	0.00%	0.00%	0.00%	18.00%	21.00%	21.00%	22.00%	24.00%	24.00%	26.50%	26.50%	26.50%	26.50%
5500	594000	297000	0.00%	0.00%	0.00%	18.00%	21.00%	21.00%	22.00%	24.00%	24.00%	26.50%	26.50%	26.50%	26.50%
6000	648000	324000	0.00%	0.00%	0.00%	18.00%	21.00%	21.00%	22.00%	24.00%	24.00%	26.50%	26.50%	26.50%	26.50%
6500	702000	351000	0.00%	0.00%	0.00%	18.00%	21.00%	21.00%	22.00%	24.00%	24.00%	26.50%	26.50%	26.50%	26.50%
7000	756000	378000	0.00%	0.00%	0.00%	18.00%	21.00%	21.00%	22.00%	24.00%	24.00%	26.50%	26.50%	26.50%	26.50%
7500	810000	405000	0.00%	0.00%	0.00%	18.00%	21.00%	21.00%	22.00%	24.00%	24.00%	26.50%	26.50%	26.50%	26.50%
8000	864000	432000	0.00%	0.00%	0.00%	18.00%	21.00%	21.00%	22.00%	24.00%	24.00%	26.50%	26.50%	26.50%	26.50%
9000	972000	486000	0.00%	0.00%	0.00%	18.00%	21.00%	21.00%	22.00%	24.00%	24.00%	26.50%	26.50%	26.50%	26.50%
10000	1080000	540000	0.00%	0.00%	0.00%	18.00%	21.00%	21.00%	22.00%	24.00%	24.00%	26.50%	26.50%	26.50%	26.50%
10500	1134000	567000	0.00%	0.00%	0.00%	18.00%	21.00%	21.00%	22.00%	24.00%	24.00%	26.50%	26.50%	26.50%	26.50%
11000	1188000	594000	0.00%	0.00%	0.00%	18.00%	21.00%	21.00%	22.00%	24.00%	24.00%	26.50%	26.50%	26.50%	26.50%
12000	1296000	648000	0.00%	0.00%	0.00%	18.00%	21.00%	21.00%	22.00%	24.00%	24.00%	26.50%	26.50%	26.50%	26.50%
13000	1404000	702000	0.00%	0.00%	0.00%	18.00%	21.00%	21.00%	22.00%	24.00%	24.00%	26.50%	26.50%	26.50%	26.50%
14000	1512000	756000	0.00%	0.00%	0.00%	18.00%	21.00%	21.00%	22.00%	24.00%	24.00%	26.50%	26.50%	26.50%	26.50%
15000	1620000	810000	0.00%	0.00%	0.00%	18.00%	21.00%	21.00%	22.00%	24.00%	24.00%	26.50%	26.50%	26.50%	26.50%
15000	1800000	900000	0.00%	0.00%	0.00%	18.00%	21.00%	21.00%	22.00%	24.00%	24.00%	26.50%	26.50%	26.50%	26.50%
17000	2040000	1020000	0.00%	0.00%	0.00%	18.00%	21.00%	21.00%	22.00%	24.00%	24.00%	26.50%	26.50%	26.50%	26.50%
18000	2160000	1080000	0.00%	0.00%	0.00%	18.00%	21.00%	21.00%	22.00%	24.00%	24.00%	26.50%	26.50%	26.50%	26.50%
19000	2280000	1140000	0.00%	0.00%	0.00%	18.00%	21.00%	21.00%	22.00%	24.00%	24.00%	26.50%	26.50%	26.50%	26.50%
19500	2340000	1170000	0.00%	0.00%	0.00%	18.00%	21.00%	21.00%	22.00%	24.00%	24.00%	26.50%	26.50%	26.50%	26.50%
20000	2520000	1260000	0.00%	0.00%	0.00%	18.00%	21.00%	21.00%	22.00%	24.00%	24.00%	26.50%	26.50%	26.50%	26.50%
21000	2646000	1323000	0.00%	0.00%	0.00%	18.00%	21.00%	21.00%	22.00%	24.00%	24.00%	26.50%	26.50%	26.50%	26.50%
22000	2772000	1386000	0.00%	0.00%	0.00%	18.00%	21.00%	21.00%	22.00%	24.00%	24.00%	26.50%	26.50%	26.50%	26.50%
23000	2898000	1449000	0.00%	0.00%	0.00%	18.00%	21.00%	21.00%	22.00%	24.00%	24.00%	26.50%	26.50%	26.50%	26.50%
24000	3024000	1512000	0.00%	0.00%	0.00%	18.00%	21.00%	21.00%	22.00%	24.00%	24.00%	26.50%	26.50%	26.50%	26.50%
25000	3150000	1575000	0.00%	0.00%	0.00%	18.00%	21.00%	21.00%	22.00%	24.00%	24.00%	26.50%	26.50%	26.50%	26.50%

图2 年收入　　　　　　　　　　　　　　　　　　　　　　　　　　　　　　　　　　　　　　　单位：元

底薪	业绩指标	Baseline	年业绩											
			200000	300000	400000	500000	600000	700000	800000	900000	1000000	1100000	1200000	1300000	1400000	1500000
4000	432000	259200	48000	48000	48000	138000	174000	195000	216000	246000	338000	362000	416000	442500	469000	495500
4500	486000	291600	54000	54000	54000	144000	180000	201000	222000	252000	344000	368000	422000	448500	475000	501500
5000	540000	324000	60000	60000	60000	150000	186000	207000	228000	258000	350000	374000	428000	454500	481000	507500
5500	594000	297000	66000	66000	66000	156000	192000	213000	234000	264000	356000	380000	434000	460500	487000	513500
6000	648000	324000	72000	72000	72000	162000	198000	219000	240000	270000	362000	386000	440000	466500	493000	519500
6500	702000	351000	78000	78000	78000	168000	204000	225000	246000	276000	368000	392000	446000	472500	499000	525500
7000	756000	378000	84000	84000	84000	174000	210000	231000	252000	282000	374000	398000	452000	478500	505000	531500
7500	810000	405000	90000	90000	90000	180000	216000	237000	258000	288000	380000	404000	458000	484500	511000	537500
8000	864000	432000	96000	96000	96000	186000	222000	243000	264000	294000	386000	410000	464000	490500	517000	543500
9000	972000	486000	108000	108000	108000	198000	234000	255000	276000	306000	398000	422000	476000	502500	529000	555500
10000	1080000	540000	120000	120000	120000	210000	246000	267000	288000	318000	410000	434000	488000	514500	541000	567500
10500	1134000	567000	126000	126000	126000	216000	252000	273000	294000	324000	416000	440000	494000	520500	547000	573500
11000	1188000	594000	132000	132000	132000	222000	258000	279000	300000	330000	422000	446000	500000	526500	553000	579500
12000	1296000	648000	144000	144000	144000	234000	270000	291000	312000	342000	434000	458000	512000	538500	565000	591500
13000	1404000	702000	156000	156000	156000	246000	282000	303000	324000	354000	446000	470000	524000	550500	577000	603500
14000	1512000	756000	168000	168000	168000	258000	294000	315000	336000	366000	458000	482000	536000	562500	589000	615500
15000	1620000	810000	180000	180000	180000	270000	306000	327000	348000	378000	470000	494000	548000	574500	601000	627500
15000	1800000	900000	180000	180000	180000	270000	306000	327000	348000	378000	470000	494000	548000	574500	601000	627500
17000	2040000	1020000	204000	204000	204000	294000	330000	351000	372000	402000	494000	518000	572000	598500	625000	651500
18000	2160000	1080000	216000	216000	216000	306000	342000	363000	384000	414000	506000	530000	584000	610500	637000	663500
19000	2280000	1140000	228000	228000	228000	318000	354000	375000	396000	426000	518000	542000	596000	622500	649000	675500
19500	2340000	1170000	234000	234000	234000	324000	360000	381000	402000	432000	524000	548000	602000	628500	655000	681500
20000	2520000	1260000	240000	240000	240000	330000	366000	387000	408000	438000	530000	554000	608000	634500	661000	687500
21000	2646000	1323000	252000	252000	252000	342000	378000	399000	420000	450000	542000	566000	620000	646500	673000	699500
22000	2772000	1386000	264000	264000	264000	354000	390000	411000	432000	462000	554000	578000	632000	658500	685000	711500
23000	2898000	1449000	276000	276000	276000	366000	402000	423000	444000	474000	566000	590000	644000	670500	697000	723500
24000	3024000	1512000	288000	288000	288000	378000	414000	435000	456000	486000	578000	602000	656000	682500	709000	735500
25000	3150000	1575000	300000	300000	300000	390000	426000	447000	468000	498000	590000	614000	668000	694500	721000	747500

图3 年收入占年业绩的百分比 单位：元

底薪	业绩指标	Baseline	年薪 200000	300000	400000	500000	600000	700000	800000	900000	1000000	1100000	1200000	1300000	1400000	1500000
4000	432000	259200	24.00%	16.00%	12.00%	27.60%	29.00%	27.86%	27.00%	27.33%	33.80%	32.91%	34.67%	34.04%	33.50%	33.03%
4500	486000	291600	27.00%	18.00%	13.50%	28.80%	30.00%	28.71%	27.75%	28.00%	34.40%	33.45%	35.17%	34.50%	33.93%	33.43%
5000	540000	324000	30.00%	20.00%	15.00%	30.00%	31.00%	29.57%	28.50%	28.67%	35.00%	34.00%	35.67%	34.96%	34.36%	33.83%
5500	594000	297000	33.00%	22.00%	16.50%	31.20%	32.00%	30.43%	29.25%	29.33%	35.60%	34.55%	36.17%	35.42%	34.79%	34.23%
6000	648000	324000	36.00%	24.00%	18.00%	32.40%	33.00%	31.29%	30.00%	30.00%	36.20%	35.09%	36.67%	35.88%	35.21%	34.63%
6500	702000	351000	39.00%	26.00%	19.50%	33.60%	34.00%	32.14%	30.75%	30.67%	36.80%	35.64%	37.17%	36.35%	35.64%	35.03%
7000	756000	378000	42.00%	28.00%	21.00%	34.80%	35.00%	33.00%	31.50%	31.33%	37.40%	36.18%	37.67%	36.81%	36.07%	35.43%
7500	810000	405000	45.00%	30.00%	22.50%	36.00%	36.00%	33.86%	32.25%	32.00%	38.00%	36.73%	38.17%	37.27%	36.50%	35.83%
8000	864000	432000	48.00%	32.00%	24.00%	37.20%	37.00%	34.71%	33.00%	32.67%	38.60%	37.27%	38.67%	37.73%	36.93%	36.23%
9000	972000	486000	54.00%	36.00%	27.00%	39.60%	39.00%	36.43%	34.50%	34.00%	39.80%	38.36%	39.67%	38.65%	37.79%	37.03%
10000	1080000	540000	60.00%	40.00%	30.00%	42.00%	41.00%	38.14%	36.00%	35.33%	41.00%	39.45%	40.67%	39.58%	38.64%	37.83%
10500	1134000	567000	63.00%	42.00%	31.50%	43.20%	42.00%	39.00%	36.75%	36.00%	41.60%	40.00%	41.17%	40.04%	39.07%	38.23%
11000	1188000	594000	66.00%	44.00%	33.00%	44.40%	43.00%	39.86%	37.50%	36.67%	42.20%	40.55%	41.67%	42.10%	40.50%	39.63%
12000	1296000	648000	72.00%	48.00%	36.00%	46.80%	45.00%	41.57%	39.00%	38.00%	43.40%	41.64%	42.67%	41.42%	40.36%	39.43%
13000	1404000	702000	78.00%	52.00%	39.00%	49.20%	47.00%	43.29%	40.50%	39.33%	44.60%	42.73%	43.67%	42.35%	41.21%	40.23%
14000	1512000	756000	84.00%	56.00%	42.00%	51.60%	49.00%	45.00%	42.00%	40.67%	45.80%	43.82%	44.67%	43.27%	42.07%	41.03%
15000	1620000	810000	90.00%	60.00%	45.00%	54.00%	51.00%	46.71%	43.50%	42.00%	47.00%	44.91%	45.67%	44.19%	42.93%	41.83%
15000	1800000	900000	90.00%	60.00%	45.00%	54.00%	51.00%	46.71%	43.50%	42.00%	47.00%	44.91%	45.67%	44.19%	42.93%	41.83%
17000	2040000	1020000	102.00%	68.00%	51.00%	58.80%	55.00%	50.14%	46.50%	44.67%	49.40%	47.09%	47.67%	46.04%	44.64%	43.43%
18000	2160000	1080000	108.00%	72.00%	54.00%	61.20%	57.00%	51.86%	48.00%	46.00%	50.60%	48.18%	48.67%	46.96%	45.50%	44.23%
19000	2280000	1140000	114.00%	76.00%	57.00%	63.60%	59.00%	53.57%	49.50%	47.33%	51.80%	49.27%	49.67%	47.88%	46.36%	45.03%
19500	2340000	1170000	117.00%	78.00%	58.50%	64.80%	60.00%	54.43%	50.25%	48.00%	52.40%	49.82%	50.17%	48.35%	46.79%	45.43%
20000	2520000	1260000	120.00%	80.00%	60.00%	66.00%	60.00%	54.43%	48.67%	53.00%	50.36%	50.63%	47.21%	46.35%	45.83%
21000	2646000	1323000	126.00%	84.00%	63.00%	68.40%	63.00%	57.00%	52.50%	50.00%	54.20%	51.45%	51.17%	49.73%	48.07%	46.63%
22000	2772000	1386000	132.00%	88.00%	66.00%	70.80%	65.00%	59.14%	54.00%	51.33%	55.40%	52.55%	52.67%	50.65%	48.93%	47.43%
23000	2898000	1449000	138.00%	92.00%	69.00%	73.20%	67.00%	60.43%	55.50%	52.67%	56.60%	53.64%	53.17%	51.58%	49.79%	48.23%
24000	3024000	1512000	144.00%	96.00%	72.00%	75.60%	69.00%	62.14%	57.00%	54.00%	57.80%	54.73%	54.67%	52.50%	50.64%	49.03%
25000	3150000	1575000	150.00%	100.00%	75.00%	78.00%	71.00%	63.86%	58.50%	55.33%	59.00%	55.82%	55.67%	53.42%	51.50%	49.83%

（1）年度业绩指标=月薪×系数×12，Baseline是业绩指标的50%，底薪不超过5000元时为60%。

（2）起点特别高，但是Baseline相对也是比较高的。

（3）100倍底薪的情况下，提成占比在30%甚至更高，可见该公司鼓励高底薪（高职级）。

（4）对百万以上顾问有特殊奖励，但是对百万以上顾问的激励不是特别强。

（5）提成体系有些复杂、不规则，定业绩目标的时候并不依据制度。

具有吸引力的收入提成制度，可以帮助公司吸引并留住高绩效的顾问，提高公司的竞争力，在招聘过程中也可以成为一项优势。总体而言，提成模型是一个强大的团队管理工具，可以促使团队更加专注、有动力，并在实现公司目标的同时提高客户满意度。

3.4 利润率 30%+ 的顾问薪酬成本控制模型

公司想要盈利,就要做好两个方面:一是开源,多渠道创收;二是节流,控制成本。猎头公司的成本虽不复杂,但也涉及多个方面。

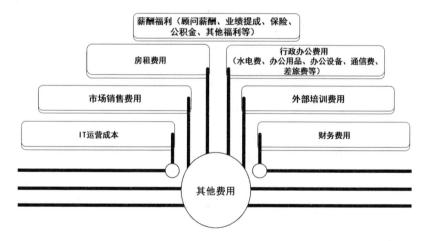

国内猎头公司规模在 10 ~ 20 人区间的,在行业内占 80% 左右。由于规模的原因,大部分公司在培训、IT 运营、财务等方面的成本投入很少,甚至没有投入。公司的刚性成本是薪酬福利、房租、水电费这三项。其中,薪酬福利所占的比重最多,房租占比一般低于 10%,水电费及市场销售费用两项合计在 2% 左右,其他成本根据公司规模和投入情况,一般在 10% ~ 15%。

这些成本按不同的维度划分,又可以分为不同种类。

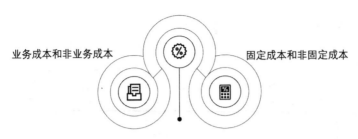

如何控制成本，是摆在猎企创业者面前的现实问题。我根据自己20多年的集团公司管理经验以及对国内外各大猎头公司的调研，总结出了一个通用的、有规律可循的成本控制模型。该模型的核心逻辑是，将顾问的薪酬福利成本控制在50%以下，这样利润率基本可达到30%以上。

在国内的猎头市场，有一家猎头公司就是以该模型设计薪酬制度的。该猎企成立于2000年年初，几位合伙人有着非常资深的从业背景。经过几年发展，人员规模高时达到了200多人，业绩达8000多万元，利润率在35%以上，公司的成本控制得到了业内同行的一致认可和效仿。

2010年，我们公司进入了集团化扩张的第二年。我有幸在上海的一家咖啡厅向这家公司的创始人当面取经，收获最大的就是公司的顾问薪酬成本控制模型。我公司在之后十几年的发展过程中一直使用该模型，效果显著。接下来，我将详细讲一下这套模型。

顾问的薪酬福利成本包括顾问底薪、业绩提成、保险公积金、其他奖金及福利。

顾问业绩为顾问年实际回款金额。

模型一：提成测算模型

提成测算模型 单位：元

底薪	Baseline	年业绩									
		150000	200000	250000	300000	350000	400000	450000	500000	550000	600000	650000	700000
3000	108000	12600	29500	47000	66000	86000	107100	129600	152100	175100	200100	225100	250100
3500	126000	7200	22750	40250	57750	77000	97000	117450	139950	162450	184950	208450	233450
4000	144000	1800	16800	33500	51000	68500	88000	108000	128000	150300	172800	195300	217800
4500	162000	0	11400	26750	44250	61750	79250	99000	119000	139000	160650	183150	205650
5000	180000	0	6000	21000	37500	55000	72500	90000	110000	130000	150000	171000	193500
5500	198000	0	600	15600	30750	48250	65750	83250	101000	121000	141000	161000	181350
6000	216000	0	0	10200	25200	41500	59000	76500	94000	112000	132000	152000	172000
6500	234000	0	0	4800	19800	34800	52250	69750	87250	104750	123000	143000	163000
7000	252000	0	0	0	14400	29400	45500	63000	80500	98000	115500	134000	154000
7500	270000	0	0	0	9000	24000	39000	56250	73750	91250	108750	126250	145000
8000	288000	0	0	0	3600	18600	33600	49500	67000	84500	102000	119500	137000
8500	306000	0	0	0	0	13200	28200	43200	60250	77750	95250	112750	130250
9000	324000	0	0	0	0	7800	22800	37800	53500	71000	88500	106000	123500
9500	342000	0	0	0	0	2400	17400	32400	47400	64250	81750	99250	116750
10000	360000	0	0	0	0	0	12000	27000	42000	57500	75000	92500	110000

（1）提成＝奖金系数×Baseline＋(年业绩－业绩级别系数×底薪)×提成系数。

（2）Baseline＝底薪×36。

模型二：顾问薪酬成本模型

顾问薪酬成本模型 单位：元

底薪	Baseline	年业绩									
		150000	200000	250000	300000	350000	400000	450000	500000	550000	600000	650000	700000
3000	108000	*69916*	*96716*	*104216*	*123216*	143216	164316	186816	209316	232316	*257316*	*282316*	*307316*
3500	126000	73092	88642	106142	123642	*142892*	162892	183342	205842	228342	250842	274342	299342
4000	144000	76368	91368	108068	125568	143068	162568	182568	202568	224868	247368	269868	292368
4500	162000	83244	94644	109994	127494	144994	*162494*	182244	202244	222244	243894	266394	288894
5000	180000	91920	97920	112920	129420	146920	164420	*181920*	201920	221920	241920	262920	285420
5500	198000	100596	101196	116196	131346	148846	166346	183846	*201596*	221596	241596	261596	281946
6000	216000	109272	109272	119472	134472	150772	168272	185772	203272	*221272*	241272	261272	281272
6500	234000	117948	117948	122748	137748	152748	170198	187698	205198	222698	*240948*	260948	280948
7000	252000	126624	126624	126624	141024	156024	172124	189624	207124	224624	242124	*260624*	280624
7500	270000	135300	135300	135300	144300	159300	174300	191550	209050	226550	244050	261550	*280000*
8000	288000	143976	143976	143976	147576	162576	177576	193476	210976	228476	245976	263476	285420
8500	306000	152652	152652	152652	152652	165852	180852	195852	212902	230402	247902	265402	282902
9000	324000	161328	161328	161328	161328	169128	184128	199128	214828	232328	249828	267328	284828
9500	342000	170004	170004	170004	170004	172404	187404	202404	217404	234254	251754	269254	286754
10000	360000	178680	178680	178680	178680	178680	190680	205680	220680	236180	253680	271180	288680

（1）底薪固定，业绩越高，顾问年薪酬福利成本绝对值越高。

（2）业绩相同时，斜体数据表示薪酬成本为最低值，顾问薪酬成本占业绩的比率也最低，利润绝对值最高。阴影数据表示顾问薪酬成本为最高值，薪酬成本占业绩的比率也最高，利润绝对值最低。

（3）顾问薪酬成本＝提成＋底薪＋公司缴纳的五险一金＋补助。

模型三：顾问年薪酬福利成本占年业绩的百分比

顾问年薪酬福利成本占年业绩的百分比　　　　　　　　　　　　　　　　单位：元

底薪	Baseline	年业绩										
		150000	200000	250000	300000	350000	400000	450000	500000	550000	600000	650000	700000
3000	108000	46.54%	43.36%	41.69%	41.07%	*40.92%*	41.08%	41.51%	41.86%	42.24%	42.89%	43.43%	43.90%
3500	126000	48.73%	44.32%	42.46%	41.21%	40.83%	*40.72%*	40.74%	41.17%	41.52%	41.81%	42.21%	42.76%
4000	144000	50.91%	45.68%	43.23%	41.86%	40.88%	40.64%	40.57%	*40.51%*	40.89%	41.23%	41.52%	41.77%
4500	162000	55.50%	47.32%	44.00%	42.50%	41.43%	40.62%	40.50%	40.45%	*40.41%*	40.65%	40.98%	41.27%
5000	180000	61.28%	48.96%	45.17%	43.14%	41.98%	41.11%	40.43%	40.38%	40.35%	*40.32%*	40.45%	40.77%
5500	198000	67.06%	50.60%	46.48%	43.78%	42.53%	41.59%	40.85%	40.32%	40.29%	40.27%	*40.25%*	40.28%
6000	216000	72.85%	54.64%	47.79%	44.82%	43.08%	42.07%	41.28%	40.65%	40.23%	40.21%	40.20%	40.16%
6500	234000	78.63%	58.97%	49.10%	45.92%	43.64%	42.55%	41.71%	41.04%	40.49%	40.16%	40.15%	40.14%
7000	252000	84.42%	63.31%	50.65%	47.01%	44.58%	43.03%	41.42%	40.84%	40.35%	40.10%	40.09%	
7500	270000	90.20%	67.65%	54.12%	48.10%	45.51%	43.58%	42.57%	41.81%	41.19%	40.68%	40.24%	40.04%
8000	288000	95.98%	71.99%	57.59%	49.19%	46.45%	44.39%	42.99%	42.20%	41.54%	41.00%	40.53%	40.14%
8500	306000	101.77%	76.33%	61.06%	50.88%	47.39%	45.21%	43.52%	42.58%	41.89%	41.32%	40.83%	40.41%
9000	324000	107.55%	80.66%	64.53%	53.78%	48.32%	46.03%	44.25%	42.97%	42.24%	41.64%	41.13%	40.69%
9500	342000	113.34%	85.00%	68.00%	56.67%	49.26%	46.85%	44.98%	43.48%	42.59%	41.96%	41.42%	40.96%
10000	360000	119.12%	89.34%	71.47%	59.56%	51.05%	47.67%	45.71%	44.14%	42.94%	42.28%	41.72%	41.24%

（1）斜体数据表示薪酬福利成本占业绩的比率的最低点。

（2）底薪固定，Baseline 固定，随着业绩的增加，顾问年薪酬福利成本增加，年成本占业绩的比率下降后缓慢增加，占比逐渐接近50%，但未超过50%。在完成 Baseline 后的某一点达到最低值。

举个例子，顾问底薪为 5000 元，Baseline 为 180000 元，当业绩完成 600000 元时，顾问薪酬福利成本占业绩比率最低，为 40.32%。

模型四：利润 = 业绩 - 年成本

利润=业绩-年成本　　　　　　　　　　　　　　　　　　　　　　　　　单位：元

底薪	Baseline	年业绩										
		150000	200000	250000	300000	350000	400000	450000	500000	550000	600000	650000	700000
3000	108000	*80184*	*113294*	*145794*	*176794*	206784	235684	263184	290684	317684	342684	367684	392684
3500	126000	76908	111358	143858	176358	*207108*	237108	266658	294158	321658	349158	375658	400658
4000	144000	73632	108632	141932	174432	206932	237432	267432	297432	325132	352632	380132	407632
4500	162000	66756	105356	140006	172506	205006	*237506*	267756	297756	327756	356106	383606	411106
5000	180000	58080	102080	137080	170580	203080	235580	*268080*	298080	328080	358080	387080	414580
5500	198000	49404	98804	133804	168654	201154	233654	266154	*298404*	328404	358404	388404	418054
6000	216000	40728	90728	130528	165528	199228	231728	264228	296728	*329728*	358728	388728	418728
6500	234000	32052	82052	127252	162252	197252	229802	262302	294802	327302	*359052*	389052	419052
7000	252000	23376	73376	123376	158976	193976	227876	260376	292876	325376	357876	*389376*	419376
7500	270000	14700	64700	114700	155700	190700	225700	258450	290950	323450	355950	388450	*419700*
8000	288000	6024	56024	106024	152424	187424	222424	256524	289024	321524	354024	386524	419024
8500	306000	-2652	47348	97348	147348	184148	219148	254148	287098	319598	352098	384598	417098
9000	324000	-11328	38672	88672	138672	180872	215872	250872	285172	317672	350172	382672	415172
9500	342000	-20004	29996	79996	129996	177596	212596	247596	282596	315746	348246	380746	413246
10000	360000	-28680	21320	71320	121320	171320	209320	244320	279320	313820	346320	378820	411320

（1）底薪固定，Baseline 固定，随着业绩的增加，利润呈增加状态。

（2）业绩相同时，斜体数据为顾问年薪酬成本最低值，年成本占业绩的比率为最低值，利润为最高值；阴影数据表示顾问年成本最高值，年成本占业绩的比率为最高值，利润为最低值。

模型五：利润率 = 利润 / 业绩

利润率=利润/业绩　　　　　　　　　　　　　　　　　　　　　　　　　单位：元

底薪	Baseline	年业绩										
		150000	200000	250000	300000	350000	400000	450000	500000	550000	600000	650000	700000
3000	108000	53.46%	56.64%	58.31%	58.93%	*59.08%*	58.92%	58.49%	58.14%	57.76%	57.11%	56.57%	56.10%
3500	126000	51.27%	55.68%	57.54%	58.79%	59.17%	*59.28%*	59.26%	58.83%	58.48%	58.19%	57.79%	57.24%
4000	144000	49.09%	54.32%	56.77%	58.14%	59.12%	59.36%	59.43%	*59.49%*	59.11%	58.77%	58.48%	58.23%
4500	162000	44.50%	52.68%	56.00%	57.50%	58.57%	59.38%	59.50%	59.55%	*59.59%*	59.35%	59.02%	58.73%
5000	180000	38.72%	51.04%	54.83%	56.86%	58.02%	58.90%	59.57%	59.62%	59.65%	*59.68%*	59.55%	59.23%
5500	198000	32.94%	49.40%	53.52%	56.22%	57.47%	58.41%	59.15%	59.68%	59.71%	59.73%	*59.75%*	59.72%
6000	216000	27.15%	45.36%	52.21%	55.18%	56.92%	57.93%	58.72%	59.35%	59.77%	59.79%	59.80%	59.82%
6500	234000	21.37%	41.03%	50.90%	54.08%	56.36%	57.45%	58.29%	58.96%	59.51%	59.84%	59.85%	59.86%
7000	252000	15.58%	36.69%	49.35%	52.99%	55.42%	56.97%	57.86%	58.58%	59.16%	59.65%	59.90%	59.91%
7500	270000	9.80%	32.35%	45.88%	51.90%	54.49%	56.43%	57.43%	58.19%	58.81%	59.33%	59.76%	59.96%
8000	288000	4.02%	28.01%	42.41%	50.81%	53.55%	55.61%	57.01%	57.80%	58.46%	59.00%	59.47%	59.86%
8500	306000	-1.77%	23.67%	38.94%	49.12%	52.61%	54.79%	56.48%	57.42%	58.11%	58.68%	59.17%	59.59%
9000	324000	-7.55%	19.34%	35.47%	46.22%	51.68%	53.97%	55.75%	57.03%	57.76%	58.36%	58.87%	59.31%
9500	342000	-13.34%	15.00%	32.00%	43.33%	50.74%	53.15%	55.02%	56.52%	57.41%	58.04%	58.58%	59.04%
10000	360000	-19.12%	10.66%	28.53%	40.44%	48.95%	52.33%	54.29%	55.86%	57.06%	57.72%	58.28%	58.76%

(1) 斜体数据表示利润率最高点。

(2) 底薪固定，Baseline 固定。随着业绩的增加，顾问年成本增加，年成本占业绩的比率下降后缓慢增加，在完成 Baseline 后的某一点达到最低值；利润率急剧增长后缓慢下降，在完成 Baseline 后的某一刻达到最高点；成本占业绩的比率为最低点时正好是利润率最高点。

(3) 底薪固定，Baseline 固定，随着业绩的增加，利润率会在达到高峰后缓慢下降，但利润绝对额会一直增长。

例如，顾问底薪为 5000 元，Baseline 为 180000 元，当业绩完成 600000 元时，成本占业绩的比率最低，利润率最高，为 59.68%。

模型六：顾问年收入 1= 底薪 + 提成 + 公司缴纳的五险一金 + 福利 + 补助

顾问年收入1 单位：元

底薪	Baseline	年业绩											
		150000	200000	250000	300000	350000	400000	450000	500000	550000	600000	650000	700000
3000	108000	*53580*	70480	87980	106980	126980	148080	170580	193080	216080	241080	266080	291080
3500	126000	54150	*69700*	87520	104700	143950	164400	186900	209460	231900	255400	280400	
4000	144000	54720	69720	86420	103920	121420	140920	160920	180920	203220	225720	248220	270720
4500	162000	58890	70290	*85640*	103140	120640	138140	157890	177890	197890	219540	242040	264540
5000	180000	64860	70860	85360	102360	119860	137360	154860	174860	194860	214860	235860	258360
5500	198000	70830	71430	86430	*101580*	119080	136580	154080	171830	191830	211830	231830	252180
6000	216000	76800	76800	87000	102000	118300	135800	153300	170800	188800	208800	228800	248800
6500	234000	82770	82770	87570	102570	*117570*	135020	152520	170020	187520	205770	225770	245770
7000	252000	88740	88740	88740	103140	118140	134240	151740	169240	186740	204240	222740	242740
7500	270000	94710	94710	94710	103710	118710	*133710*	150960	168460	185960	203460	220960	239710
8000	288000	100680	100680	100680	104280	119280	134280	150180	167680	185180	202680	220180	237680
8500	306000	106650	106650	106650	106650	119850	134850	*149950*	166900	184400	201900	219400	236900
9000	324000	112620	112620	112620	112620	120990	135990	150990	165990	183620	201120	218620	236120
9500	342000	118590	118590	118590	118590	125020	135990	150990	*165990*	182840	200340	217840	235340
10000	360000	124560	124560	124560	124560	124560	136560	151560	166560	*182060*	*199560*	*217060*	*234560*

(1) 底薪固定，业绩越高，顾问年收入越高。

(2) 业绩相同时，斜体数据表示顾问年收入最低，但顾问年收入最低值不一定为顾问年成本最低值。

(3) 阴影数据表示顾问年收入最高，但顾问年收入最高值不一定为顾问成本最高值。

模型七：顾问年收入1占年业绩的百分比

顾问年收入1占年业绩的百分比　　　　　　　　　　　　　　　　　　　　单位：元

底薪	Baseline	年业绩										
		150000	200000	250000	300000	350000	400000	450000	500000	550000	600000	650000	700000
3000	108000	35.72%	35.24%	*35.19%*	35.66%	36.28%	37.02%	37.91%	38.62%	39.29%	40.18%	40.94%	41.58%
3500	126000	36.10%	*34.85%*	34.88%	34.90%	35.41%	35.99%	36.53%	37.38%	38.07%	38.65%	39.29%	40.06%
4000	144000	36.48%	34.86%	*34.57%*	34.64%	34.69%	35.23%	35.76%	36.18%	36.95%	37.62%	38.19%	38.67%
4500	162000	39.26%	35.15%	*34.26%*	34.38%	34.47%	34.54%	35.09%	35.58%	35.98%	36.59%	37.24%	37.79%
5000	180000	43.25%	35.43%	34.34%	*34.12%*	34.25%	34.34%	34.41%	34.97%	35.43%	35.81%	36.29%	36.91%
5500	198000	47.22%	35.72%	34.57%	*33.86%*	34.02%	34.15%	34.24%	34.37%	34.88%	35.31%	35.67%	36.03%
6000	216000	51.20%	38.40%	34.80%	34.00%	*33.80%*	33.95%	34.07%	34.16%	34.33%	34.80%	35.20%	35.54%
6500	234000	55.18%	41.39%	35.03%	34.19%	*33.59%*	33.76%	33.89%	34.00%	34.09%	34.30%	34.73%	35.11%
7000	252000	59.16%	44.37%	35.50%	34.38%	33.75%	*33.56%*	33.72%	33.85%	33.95%	34.04%	34.27%	34.68%
7500	270000	63.14%	47.36%	37.88%	34.57%	33.92%	*33.43%*	33.55%	33.69%	33.81%	33.91%	33.99%	34.24%
8000	288000	67.12%	50.34%	40.27%	34.76%	34.08%	33.57%	*33.37%*	33.54%	33.67%	33.78%	33.87%	33.95%
8500	306000	71.10%	53.33%	42.66%	35.55%	34.24%	33.71%	*33.30%*	33.38%	33.53%	33.65%	33.75%	33.84%
9000	324000	75.08%	56.31%	45.05%	37.54%	34.41%	33.86%	33.43%	*33.22%*	33.39%	33.52%	33.63%	33.73%
9500	342000	79.06%	59.30%	47.44%	39.53%	34.00%	33.55%	33.28%	*33.20%*	33.24%	33.39%	33.51%	33.62%
10000	360000	83.04%	62.28%	49.82%	41.52%	35.59%	34.14%	33.68%	33.31%	*33.10%*	33.26%	33.39%	33.51%

顾问底薪固定，Baseline固定，随着业绩的增加，顾问年收入绝对值增加，年收入占业绩的比率下降后再增加。斜体数据表示年收入占业绩的比率最低。

模型八：顾问年收入2= 提成＋底薪

顾问年收入2＝提成+底薪　　　　　　　　　　　　　　　　　　　　单位：元

底薪	Baseline	年业绩										
		150000	200000	250000	300000	350000	400000	450000	500000	550000	600000	650000	700000
3000	108000	*48600*	65500	83000	102000	122000	143100	165600	188100	211100	236100	261100	286100
3500	126000	49200	*64750*	82250	99750	119000	139000	159450	181950	204450	226950	250450	275450
4000	144000	49800	64800	81500	99000	116500	136000	156000	176000	198300	220800	243300	265800
4500	162000	54000	65350	*80750*	98250	115750	133250	153000	173000	193000	214650	237150	259650
5000	180000	60000	66000	81000	97500	115000	132500	150000	170000	190000	210000	231000	253500
5500	198000	66000	66600	81600	*96750*	114250	131750	149250	167000	187000	207000	227000	247350
6000	216000	72000	72000	82200	97200	113500	131000	148500	166000	184000	204000	224000	244000
6500	234000	78000	78000	82800	97800	*112800*	130250	147750	165250	182750	201000	221000	241000
7000	252000	84000	84000	84000	98400	113400	129500	147000	164500	182000	199500	218000	238000
7500	270000	90000	90000	90000	99000	114400	*129000*	146250	163750	181250	198750	216250	235000
8000	288000	96000	96000	96000	99600	114600	129500	146300	163500	180500	198000	215500	233000
8500	306000	102000	102000	102000	102000	115200	130200	*145200*	162250	179750	197250	214750	232250
9000	324000	108000	108000	108000	108000	115800	130800	145800	161500	179000	196500	214000	231500
9500	342000	114000	114000	114000	114000	116400	131400	146400	*161400*	178250	195750	213250	230750
10000	360000	120000	120000	120000	120000	120000	132000	147000	162000	*177500*	*195000*	*212500*	*230000*

（1）底薪固定，业绩越高，顾问年收入越高。

（2）业绩相同时，斜体数据表示顾问年收入最低，但顾问年收入最低值不一定为顾问年成本最低值；阴影数据表示顾问年收入最高，但顾问年收入最高值不一定为顾问成本最高值。

模型九：顾问年收入 2 占年业绩的百分比

顾问年收入2占年业绩的百分比　　　　　　　　　　　　　　　　　　　　单位：元

底薪	Baseline	年业绩										
		150000	200000	250000	300000	350000	400000	450000	500000	550000	600000	650000	700000
3000	108000	*32.40%*	32.75%	33.20%	34.00%	34.86%	35.78%	36.80%	37.62%	38.38%	39.35%	40.17%	40.87%
3500	126000	32.80%	*32.38%*	32.90%	33.25%	34.00%	34.75%	35.43%	36.39%	37.17%	37.83%	38.53%	39.35%
4000	144000	33.20%	32.40%	32.60%	33.29%	34.00%	34.67%	35.20%	36.05%	36.80%	37.43%	37.97%
4500	162000	36.00%	32.70%	*32.30%*	32.75%	33.07%	33.31%	34.00%	34.60%	35.09%	35.78%	36.48%	37.09%
5000	180000	40.00%	33.00%	32.40%	32.50%	32.86%	33.13%	33.33%	34.00%	34.55%	35.00%	35.54%	36.21%
5500	198000	44.00%	33.30%	*32.25%*	32.40%	32.64%	32.94%	33.17%	33.40%	34.00%	34.50%	34.92%	35.34%
6000	216000	48.00%	36.00%	32.88%	32.40%	32.43%	32.75%	33.20%	33.45%	34.00%	34.46%	34.86%
6500	234000	52.00%	39.00%	33.12%	32.60%	*32.23%*	32.56%	32.83%	33.05%	33.30%	33.50%	34.00%	34.43%
7000	252000	56.00%	42.00%	33.60%	32.80%	32.40%	32.38%	32.67%	32.90%	33.09%	33.25%	33.54%	34.00%
7500	270000	60.00%	45.00%	36.00%	33.00%	32.57%	*32.25%*	32.50%	32.75%	32.95%	33.13%	33.27%	33.57%
8000	288000	64.00%	48.00%	38.40%	33.20%	32.74%	32.40%	33.33%	32.60%	32.82%	33.05%	33.15%	33.29%
8500	306000	68.00%	51.00%	40.80%	34.00%	32.91%	32.55%	*32.27%*	32.45%	32.68%	32.88%	33.04%	33.18%
9000	324000	72.00%	54.00%	43.20%	36.00%	33.09%	32.70%	32.40%	32.30%	32.55%	32.75%	32.92%	33.07%
9500	342000	76.00%	57.00%	45.60%	38.00%	33.26%	32.85%	32.53%	*32.28%*	32.41%	32.63%	32.81%	32.96%
10000	360000	**80.00%**	**60.00%**	**48.00%**	**40.00%**	34.29%	33.00%	32.67%	32.40%	*32.27%*	*32.50%*	*32.69%*	*32.86%*

顾问底薪固定，Baseline 固定，随着业绩的增加，顾问年收入增加，年收入占业绩的比率下降后再增加。斜体数据表示年收入占业绩比最低，阴影数据表示年收入占业绩比最高。

模型十：顾问业绩完成率 = 全年累计业绩 /Baseline

顾问业绩完成率　　　　　　　　　　　　　　　　　　　　　　　　　　单位：元

底薪	Baseline	年业绩										
		150000	200000	250000	300000	350000	400000	450000	500000	550000	600000	650000	700000
3000	108000	1.39	1.85	2.31	2.78	3.24	3.70	4.17	4.63	5.09	5.56	6.02	6.48
3500	126000	1.19	1.59	1.98	2.38	2.78	3.17	3.57	3.97	4.37	4.76	5.16	5.56
4000	144000	1.04	1.39	1.74	2.08	2.43	2.78	3.13	3.47	3.82	4.17	4.51	4.86
4500	162000	0.93	1.23	1.54	1.85	2.16	2.47	2.78	3.09	3.40	3.70	4.01	4.32
5000	180000	0.83	1.11	1.39	1.67	1.94	2.22	2.50	2.78	3.06	3.33	3.61	3.89
5500	198000	0.76	1.01	1.26	1.52	1.77	2.02	2.27	2.53	2.78	3.03	3.28	3.54
6000	216000	0.69	0.93	1.16	1.39	1.62	1.85	2.08	2.31	2.55	2.78	3.01	3.24
6500	234000	0.64	0.85	1.07	1.28	1.50	1.71	1.92	2.14	2.35	2.56	2.78	2.99
7000	252000	0.60	0.79	0.99	1.19	1.39	1.59	1.79	1.98	2.18	2.38	2.58	2.78
7500	270000	0.56	0.74	0.93	1.11	1.30	1.48	1.67	1.85	2.04	2.22	2.41	2.59
8000	288000	0.52	0.69	0.87	1.04	1.22	1.39	1.56	1.74	1.91	2.08	2.26	2.43
8500	306000	0.49	0.65	0.82	0.98	1.14	1.31	1.47	1.63	1.80	1.96	2.12	2.29
9000	324000	0.46	0.62	0.77	0.93	1.08	1.23	1.39	1.54	1.70	1.85	2.01	2.16
9500	342000	0.44	0.58	0.73	0.88	1.02	1.17	1.32	1.46	1.61	1.75	1.90	2.05
10000	360000	0.42	0.56	0.69	0.83	0.97	1.11	1.25	1.39	1.53	1.67	1.81	1.94

顾问底薪固定，Baseline 固定，随着业绩的增加，业绩完成率急剧上升。

从大量的实践案例来看，综合采取上述这些模型，猎头公司可以更有效地控制成本，提高效益，并确保财务的可持续健康发展。当然了，这些措施也需要在持续的基础上进行监控和调整，以适应市场和业务环境的变化。

3.5 团队业绩 300 万,团队长奖金拿多少?

有道是,兵熊熊一个,将熊熊一窝。团队长的作用不仅仅是管理任务,更能激发团队的潜力,促进团队的协同工作,从而实现团队的整体目标。一个优秀的团队长,可以为团队的成功和员工的成长做出巨大贡献。

但千军易得,一将难求。而且,级别越高,团队越大,遇到的问题和挑战往往就越多,这对团队长的要求也就越高。所以,猎企对于团队长的激励尤为重要,尤其是能力出众的团队长。虽然每个公司对于团队长的分配制度并不相同,但在行业内也是有一定原则和规律可遵循的。

1. 以利润为导向

按照团队利润指标达成情况,进行奖金分配。

例如，国内某千人规模的猎头公司，盈利就有奖金，按利润完成率计算奖金，阶梯递进式，鼓励团队做大做强。利润目标达成率达到50%之后，按照团队总体回款的7.5%、10%、15%等计算团队长奖金。

2.团队长总收入/团队业绩，业内一般在12%～25%

根据平台规模、品牌、资源支持等方面的不同，通常来讲，较大规模的公司该比例在12%～15%，中等规模的公司在18%左右，规模较小的公司，该比例在22%左右。

3.以业绩目标为导向

设定年回款目标，然后根据回款目标达成情况，进行奖金分配。

比如，某外资猎头公司关于团队长的奖金规定是，每年财年末，公司会根据团队成熟度、市场状况等因素给团队设定第二年的业绩目标。经理的团队业绩提成，在团队业绩完成率达到75%以上后开始计算，比例是3%左右，完成率达到150%时可达到5%。经理的个人业绩提成是15%。

案例一

中等规模猎企经理级的奖金及收入模型，包括分公司经理利润分红方案。

（1）年利润基数：10万元。

（2）利润分红=（分公司净利润-利润基数）×分红比例。

（3）分红比例：分别为10%、15%、25%、35%，具体如下。

- 分公司净利润低于 10 万元，无分红；
- 分公司净利润在 10 万元（含）～30 万元（含）区间，分红 = 超出 10 万元的部分 ×10%；
- 分公司净利润在 30 万元～50 万元（含）区间，分红 =（30 万元-基数 10 万元）×10% + 超出 30 万元的部分 ×15%；
- 分公司净利润在 50 万元～80 万元（含）区间，分红 =（30 万元-基数 10 万元）×10% +（50 万元-30 万元区间）×15% + 超出 50 万元的部分 ×25%；
- 分公司净利润在 80W 以上，分红 =(30 万元-基数 10 万元)×10% +（50 万元-30 万元区间）×15% +（80 万元-50 万元区间）×25% + 超出 80 万元的部分 ×35%。

基于这个模型，测算经理的收入占团队业绩比例，如下图所示。

公司经理月薪（元）	分公司回款（元）	分公司净利润30%	利润分红（元）	利润分红/分公司净利润比	分公司经理年收入（元）	分公司经理年收入/分公司总回款比
20000.00	2000000.00	600000.00	75000.00	12.50%	315000.00	15.75%
20000.00	2500000.00	750000.00	112500.00	15.00%	352500.00	14.10%
20000.00	3000000.00	900000.00	160000.00	17.78%	400000.00	13.33%
20000.00	4000000.00	1200000.00	265000.00	22.08%	505000.00	12.63%
20000.00	5000000.00	1500000.00	370000.00	24.67%	610000.00	12.20%
						13.60%

案例二

国内某 200 人左右的猎头公司的经理利润奖金分配方案。

1）经理绩效奖金方案

年薪 = 基本年薪+团队绩效奖金+个人业绩提成。

团队任务线 = 团队应该完成的业绩。

团队月任务线 =12.5× 经理基本税前月薪。

团队年任务线 = 按在职月份数折算全年任务线，其中全年任务线以自然年为财年计算，2018 财年即 2018 年 1 月 1 日到 2018 年 12 月

31日。例如，12个月，即团队年任务线=12.5×经理基本税前月薪×12=150×经理基本税前月薪。

团队利润线＝团队年任务线×30%。

团队利润基准线=40万元/年。

团队原始利润＝团队总回款-团队总基本薪水×2.6-团队总提成（不包含经理个人业绩提成）。

团队实际利润＝团队原始利润-经理个人提成。

经理个人业绩提成＝（归属到经理个人的全年回款-经理个人全年底薪）×20%。

注意：仅当团队利润线完成高于70%且团队原始利润高于40万元时，有经理个人业绩提成并于春节前发放，否则无。职位变更时，业绩提成以回款时间为节点核算。

2）团队绩效奖金方案

（1）团队原始利润低于40万元，无团队绩效奖金。

（2）团队原始利润大于等于40万元，小于团队利润线，奖金＝实际利润×18%。

（3）团队原始利润大于等于团队利润线，奖金分为以下四种。

·实际利润/团队利润线=1倍（含）～1.5倍（含），奖金＝实际利润×30%。

·实际利润/团队利润线=1.5倍～2.5倍（含），奖金=(0～1.5倍团队利润线的区间利润)×30%＋(1.5～2.5倍团队利润线的区间利润)×35%。

·实际利润/团队利润线=2.5倍～4.5倍（含），奖金＝(0～1.5倍团队利润线的区间利润)×30%＋(1.5～2.5倍团队利润线的区间利润）×35%＋（2.5～4.5倍团队利润线的区间利润）×40%。

· 实际利润/团队利润线＞4.5倍，奖金=(0～1.5倍团队利润线的区间利润）×30%＋（1.5～2.5倍团队利润线的区间利润）×35%＋（2.5～4.5倍团队利润线的区间利润）×40%＋超过4.5倍团队利润线的利润×50%。

例如，团队利润线450000元，团队实际利润1350000元，实际利润/团队利润线=3，经理团队奖金=(1.5-0)×450000元×30%＋(2.5-1.5)×450000元×35%＋(1350000元-2.5×450000元)×40%=450000元。

3）新经理绩效奖金政策

（1）满足以下一条即认定为新任经理：

· 团队由经理从零开始创办；

· 现有团队前一年回款低于50万元；

· 现有团队人员小于3人。

（2）新任经理第一年团队原始利润为正，计算经理的个人业绩提成。其中，经理的个人业绩提成计算方式同普通经理计算方式，经理个人业绩提成金额不超过团队利润金额。

（3）团队实际利润为正且小于团队利润线，奖金为实际利润的50%；团队实际利润大于等于团队利润线，奖金计算方式同普通经理绩效奖金分阶计算方式，每个档位提升10%。

（4）该奖金政策有效期：有且仅有从该经理入职到第一个财年结束的时间段(入职时间少于14个月)，业绩任务线及团队利润线按照经理在职实际工作时间折算，未工作至财年结束没有年终奖金。

基于这个模型，测算的经理收入占团队回款比例如下图所示。

经理底薪（元）	团队业绩（元）	任务达成率	人均业绩（元）	顾问人数	经理业绩（元）	顾问底薪（元）	顾问baseline（元）	顾问是否有奖	顾问奖成比例	利润线（元）	团队原始利润（元）	达成利润基准	经理个人提成（元）	团队实际利润（元）	团队利润线达成率	团队奖金（元）	经理总收入（元）	经理总收入入/业绩
15000	2100000	80%	350000	6	350000	5000	280000	是	30%	787500	427000	是	28000	399000	51%	71820	320049	15%
15000	2100000	80%	350000	4	700000	5000	280000	是	30%	787500	644000	是	98000	546000	69%	98280	416600	20%
15000	2250000	93%	350000	5	750000	5000	280000	是	30%	787500	827000	是	108000	719000	91%	129420	457640	18%
15000	2500000	95%	350000	4	1100000	5000	280000	是	30%	787500	1044000	是	178000	866000	110%	259880	658020	26%
15000	3000000	114%	350000	7	550000	5000	280000	是	30%	787500	893000	是	68000	825000	105%	247500	538770	18%
15000	3000000	114%	350000	6	900000	5000	280000	是	30%	787500	1110000	是	138000	972000	123%	291600	649820	22%
15000	3500000	133%	350000	8	700000	5000	280000	是	30%	787500	1176000	是	98000	1078000	137%	323400	641609	18%
15000	3500000	133%	350000	6	1050000	5000	280000	是	30%	787500	1393000	是	168000	1225000	156%	369688	757908	22%
15000	4000000	152%	350000	10	500000	5000	280000	是	30%	787500	1242000	是	58000	1184000	150%	355338	633558	16%
15000	4000000	152%	350000	9	850000	5000	280000	是	30%	787500	1459000	是	128000	1331000	169%	406798	755008	19%
15000	2100000	80%	450000	3	750000	6000	336000	是	30%	787500	703890	是	108000	595800	76%	107344	435464	21%
15000	2100000	80%	450000	4	300000	6000	336000	是	30%	787500	434400	是	18000	416400	53%	74952	313172	15%
15000	2250000	95%	450000	4	700000	6000	336000	是	30%	787500	834400	是	98000	736400	94%	132582	450772	18%
15000	2500000	95%	450000	5	250000	6000	336000	是	30%	787500	565000	是	8000	557000	71%	100260	328480	13%
15000	3000000	114%	450000	5	750000	6000	336000	是	30%	787500	1065000	是	108000	957000	122%	287100	613320	21%
15000	3000000	114%	450000	6	300000	6000	336000	是	30%	787500	795600	是	18000	777600	99%	139968	378188	13%
15000	3500000	133%	450000	6	800000	6000	336000	是	30%	787500	1295600	是	118000	1177600	150%	353280	691900	20%
15000	3500000	133%	450000	7	350000	6000	336000	是	30%	787500	1026200	是	28000	998200	127%	299460	547680	16%

通过这个模型可以看到，如果经理月薪为 15000 元，团队业绩完成 300 万元，则经理的总收入为 53 万多元，收入占团队业绩比为 18%，这个比例是科学、合理的，也比较有竞争力。

需要强调的是，每家猎头公司的企业文化、创始人的背景、公司的规模、业务模式、资源情况、后台支持等，都会有较大的不同，所以团队的分配机制也会不同。一定要具体情况具体分析，制定符合公司的个性化团队分配机制，生搬硬套是很危险的。

Chapter 04
第 4 章

KPI：不要成为猎头赚钱的阻碍

4.1 猎头 KPI 设计的底层逻辑

众所周知,企业设置 KPI 是一种常见的管理方式,有助于企业实现战略目标、监控绩效、制定决策和改进业务运营。

猎头生意虽然并不复杂,但也不简单。在整个业务流程以及公司管理方面,有很多需要数据化、目标化的内容。为此,猎头行业也和其他很多行业一样,将 KPI 作为绩效管理的核心指标之一。

从这个层面讲,作为一名猎头行业的从业者,无论是现阶段强化业务流程,还是后期自己带团队,甚至是创业,都有必要对猎头工作中的常见指标进行深入了解。这些指标不仅对顾问、团队的业务可以起到一定的指导与监督作用,还能够科学合理地分析出业务操作过程中存在的问题,找出问题的根源所在,从而制定切实可行的业绩提升方案。

KPI 主要包括以下几个。

(1)有效电话(Warming Call):猎头顾问与候选人有实质沟通内容的电话,是猎头业务的最小单元,也是最为基础的指标,通常以天来衡量,大约每天 20 个。

(2)推荐人选(Resume Sent Off,RSO):经过顾问沟通及面试评估后符合客户岗位需求的人选,顾问以专业推荐报告的形式发送给客户,通常每周 5 个左右。

(3)客户面试的候选人(CI):客户筛选简历通过,接下来便是面试，包括初试、复试、终试等。通常情况下，一个岗位，客户要面试 5～10 个候选人，最终可以录用一个人选。如果每周客户的面试量可以达到 5 个以上（被面试人员是由猎头顾问推荐的），那么理论上，猎头顾问每月基本上可以完成 2 个 Offer。CI 是猎头业务中的核心 KPI，是业务环节中最需要关注的一项。

（4）CI/RSO 率：其实就是客户面试候选人的数量占总推荐人选的数量比，这是衡量猎头人选推荐质量的重要指标。很显然，比率越高，说明猎头顾问推荐人选的质量就越高。

（5）CV 量：猎头顾问收到候选人发过来的详细个人资料、履历或简历的数量。

（6）BD：我们经常说的 BD，指的是成功签约客户委托访寻合同。在实际操作中，即便客户在试单阶段，往往也可以视为 BD 成功。

（7）顾问 F to F（Face to Face）面试：猎头顾问与候选人面对面或者以视频的方式进行面试评估，而非只通过电话沟通。

（8）顾问单产：顾问一年实际完成的服务费金额，这是体现猎头公司专业能力和服务水平的核心指标。

（9）顾问业绩 Baseline：顾问回款业绩的最低基准线，也可以说是成本线。顾问超出 Baseline 之后的业绩，按一定比例进行绩效考核，这是大多数公司设计提成制度时采用的一个关键指标。

（10）Offer：客户正式发放给候选人的录用通知。

以上就是猎头行业内比较常见的业务指标。在猎头行业内，不同的猎头公司，对 KPI 考核的项目和标准往往不一样，但也无非是 Warming Call、RSO、CI、CV 量、BD 量、Offer 等核心指标。

这些指标在很大程度上确定了猎头的业务流程和工作方向,告诉顾问每天要做什么,要完成到什么程度。比如,每天××电话量、每周推荐××报告,继而根据漏斗理论倒推出客户录用1个人选,需要2~3人进入终试,需要有5~10人进行初试,需要推10~20份报告,至少需要联系100人(按被联系人才10%~20%考虑机会的概率算)。显而易见,当有了这样清晰的工作流程和方向,最后的成单率自然就不会差。

值得一提的是,各指标之间并不是孤立存在的,而是环环相扣、紧密联系的。所以,不能孤立地通过某个指标来衡量、评价顾问的能力和价值,不能搞一刀切。只有通过查看并分析前后关联的指标,才能全面地看出一个顾问的工作是否走在正确的轨道上,并且是否精准地找到了潜在问题,以便及时采取预防措施。

但现实情况却是,在执行的过程中很多公司问题百出,不少顾问对公司制定的KPI考核叫苦不迭。我与不少同行管理者以及顾问朋友探讨过KPI问题,发现猎头行业在KPI方面存在以下五种比较普遍的现象。

(1)同一公司,不同行业的团队,KPI达成率相差很大;

(2)同一行业团队,专注的岗位职能不同,KPI的达成率相差很大;

(3)业绩好的顾问,KPI可能不如业绩差的;

(4)百万顾问有可能KPI考核的分数是最差的;

(5)公司顾问猎头KPI完成率普遍较低,甚至达成率不到50%。

究竟是什么原因导致的以上情况呢?

我认为,出现以上现象的根源在于猎头生意本身的特殊性。也就是候选人与岗位点对点匹配,模式不能复制化和产品化,必须逐个岗位地做,每一单、每一年都是重新开始,并且会受到行业、客户、区域、级别、岗位这五个维度的影响。

为此,虽然猎头的 KPI 看似并不复杂,但如何将 KPI 设计得科学合理,从而能够真正提升顾问的工作效率,提高工作饱和度以及通过 KPI 真正发现业务问题,这并不是一件容易的事情。而要想完成优质的 KPI 设计,以我多年的实践经验来看,应该建立在以下四个底层逻辑之上。

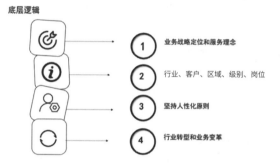

1. 业务战略定位和服务理念

业务战略定位不同,KPI 的侧重点就会不同。以"运营"为主导,以规模化发展为目标的公司,通常 KPI 的标准化和数量要求会更高,有的公司要求每周 RSO 数量达到 8 个甚至更多。而以"专业、品质、服务"为导向的公司,则更倾向于能体现专业品质的指标。例如,会侧重 CI/RSO 比率,每周推荐量可以达到 5 个就很不错了。

2. 行业、客户、区域、级别、岗位

在设计 KPI 时,通常需要根据行业、客户、区域、级别、岗位这几个关键要素判断自己公司的现状,从而进行综合考虑。

如果公司服务客户的岗位级别普遍在年薪20万～30万元，那么更应该注重效率和数量。而岗位级别定位在年薪50万元以上的，则更应该注重推荐的质量、匹配的精准度，以及客户和候选人的服务体验。比如说，AI芯片领域的岗位和互联网公司的岗位有很大差别，顾问很难在一周内推荐5个以上的算法科学家，而针对互联网公司其他方面的岗位，完成这个推荐量并不难。

总之，根据自身的实际情况和需求设计指标是非常有必要的。

3. 坚持人性化原则

虽然说管理要人性化，要有温度，但实际情况是，人性化的尺度往往很难把握。有道是，慈不掌兵，义不掌财。过度的人性化，会纵容人的惰性，团队很可能会如一盘散沙，毫无战斗力。但过于苛刻的指标，则又会使人不堪重负。个人经验是，保证公司80%以上的顾问都能够完成KPI的设计标准比较合理。

4. 行业转型和业务变革

这些年我学到最深刻的经验之一，就是不要逆风而行，一定要懂得顺势而为。所以，在设计KPI时，以行业的转型和业务变革为底层逻辑，这点很重要。面对行业和业务上出现的新变化，如果不能及时调整KPI，那么不但会影响新业务或变革的推进，也可能会给顾问带来工作上的不适应，导致顾问的流失。

2019年我们公司由原来的规模化发展战略，调整为专注于"专业、服务、品质、高端"的中等规模化、顾问人均单产60万元以上的业务战略发展定位；2020年公司由地产领域转型至医疗大健康、高科技、元宇宙领域。在调整和变革期间，我们启动了 OKR（Objectives and Key Results，目标与关键结果）的考核方式，暂时代替了原来的 KPI 考核制度。

由于 KPI 设计需要考虑多种因素，因此很难有一个标准化的设计步骤。下图是我们公司过往处于发展阶段的 KPI 考核体系，供各位读者参考。

猎头顾问 KPI 考核评分表

项目	考核项目	权重分值	目标量（日/周）	目标量（月）	计算封顶值	实际完成量	实际完成率
1	有效沟通	30	20/日	400/月	1.2		
2	推荐客户简历数	20	5/周	20/月	无		
3	客户面试简历数	20	2/周	8/月	1.5		
4	组织架构图	10	1/周	4/月	无		
5	计入系统简历数	20	4/日	80/月	无		
	目标分	100			116		总得分

注：

有效沟通的得分上限为 120%。例如，有效沟通的实际完成 900 个，完成率 = 900/400 = 225%；封顶 120%；有效沟通得分 = 30 分 ×120% = 36 分。

CI 得分上限为 150%。例如，CI 实际完成 15 个，完成率 = 15/8 = 187.5%，封顶 150%, CI 得分 = 20 分 ×150% = 30 分。

企业设置 KPI 的关键，是要确保它们与企业战略一致，可度量和可操作，同时具有全面性、适应性且能及时反馈。这样的 KPI 体系才真正有助于企业更好地监控和提高绩效，取得可持续的竞争优势。

4.2 关于 KPI，你所不知道的秘密

职场上流传着这样一种说法：当企业开始重视考勤时，说明这家企业已经在走下坡路了。虽然这样的判断有些武断，毕竟公司开始重视制度管理，也可能是企业要往规模化发展，是为了做大做强；但不可否认的是，确实有很多老板在企业运营出现问题时，会出现诸如设置高标准考核、狠抓日常管理等行为。

从老板的角度看，这么做是有道理的。一来可以提升团队战斗力，二来也可以减轻负担，节省人力成本。这种操作的底层逻辑，在各行各业都是通用的，老板深谙其道，员工们也是心知肚明。

为此，当一个行业不景气，企业的生意越来越难做时，公司的管理考核制度（如 KPI）与员工之间的矛盾，就会尤为突出。当下的猎头行业也存在这种问题，困扰着相当一部分从业人员。

由于近几年的大环境确实不好，生意不如前几年那么好做。一些猎头公司想要活下去，便对顾问提出了非常严苛的 KPI 要求，导致顾问们怨声载道。

对于猎头顾问来说，困扰其 KPI 的原因是什么呢？抛开顾问的努力程度、经验及专业度等自身原因之外，如果猎头公司的大部分顾问都完不成 KPI，那么不外乎以下 4 个原因。

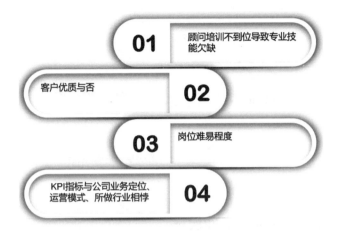

比如,走"小而精"路线的猎头公司,过高的 KPI 其实是与公司的战略定位相悖的,不利于激发猎头顾问的工作积极性,甚至会让顾问无所适从,从而影响公司业绩。再比如,从服务的行业来看,高科技行业及生物医药行业相较于其他行业,就比较难达到较高的 KPI 数据。

所以,作为团队的管理者,对于 KPI 的设置和考核,应该秉着客观的态度,要有弹性思维。业务模式不同,业务战略定位不同,KPI 的侧重点也应该有所不同。例如,以"运营"为主导,以规模化发展为战略目标的公司,KPI 的标准化和数量要求通常会更高;而以"产品及服务"为导向的公司,则往往更倾向于能体现专业品质的指标。

那么,KPI 如何与具体的业务模式进行很好地融合呢?可以从以下 3 个维度考量。

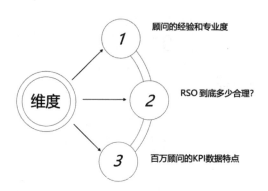

1. 顾问的经验和专业度

猎头顾问的 KPI 要根据每个人的经验和专业度制定。例如，成长中的猎头新人，与候选人的电话量是需要重点关注的，这个 KPI 可适当增加，但诸如 CI、Offer 等指标，受客户、岗位以及 Leader 专业指导等外部因素影响比较大，往往不是顾问自己能左右的，因此可以适当放宽要求。

不强人所难，考虑实际情况再考核，学会换位思考，这是企业应该有的管理温度。

2. RSO 到底多少合理

众所周知，RSO 是猎头 KPI 中最重要的指标之一，同时 RSO 多少合理也是猎头顾问最为困扰的问题之一。

"我们公司要求每周 8 个 RSO，基本不可能完成"；

"我专注自动驾驶行业，每周推荐 2 个人选都很难"；

……

类似于这样的抱怨，在猎头从业者中非常普遍。RSO 关系着成单量，理论上 RSO 量越高，成单的可能性也就越大，而这也是猎头公司制定高 RSO 指标的原因。

那么问题来了，RSO 到底多少才算合理呢？是不是越高越好呢？回答这个问题前请先思考以下几个问题。

（1）客户和岗位相同时，在人选直接发给客户、Leader 把关较松、Leader 把关严格这三种情况下，RSO 是否会相同？

（2）Leader 一样，操作的客户和岗位难易程度不一样时，RSO 数量是否会相同？

（3）其他条件相同，操作年薪 100 万元的岗位和年薪 20 万元的岗位，RSO 数量是否会相同？

（4）推荐 10 个候选人，1 个被客户面试；以及推荐 3 个候选人，2 个被客户面试，公司更提倡和鼓励哪种？

显而易见，面对不同的客户，操作难度、条件不同的岗位，甚至是拥有专业度不同的 Leader，RSO 都是需要随之变化的。

事实也是如此，单纯的一个 RSO 指标，并不能科学、客观地评估顾问的工作情况，需要结合其他 KPI 一起考量。经验丰富的 Leader 往往会深知这一点，通常都会将 RSO 与业务结合考虑，拿捏到位。

所以，如果公司的 RSO 指标让多数人感到很难受，那么大概率是因为 KPI 考核的合理性存在问题。

客观地讲，想要推荐量与成单量成正比关系，推荐的质量就一定要有保障，不能凑数。如果一味追求 RSO 的量，而不考虑质量，那么也很难有令人满意的结果，很多时候甚至会影响成单，得不偿失。

3. 百万顾问的 KPI 数据特点

猎头行业有一个较为普遍且有意思的现象：业绩好的顾问，KPI 的完成情况可能并不如业绩差的顾问，百万顾问的 KPI 考核分数甚至可能是最差的。

从业这么多年，我至少接触过数百名的百万顾问，其中有相当一部分顾问确实如此。而且，我与不少猎头公司的管理者也有过这方面的交流，这种情况也是比较多见的。

KPI 考核分数不高却能成为百万顾问，这些顾问到底是怎么做到的？他们的 KPI 数据又有哪些特点呢？

我相信很多顾问都比较好奇，其实方法很简单——重质不重量。百万顾问的 KPI 数据通常都有注重电话沟通的专业度、推荐质量高、面试率高等特点。

百万顾问在充分做好客户及岗位的分析，对目标公司及目标人选精准定位后，平均一个岗位沟通 20 人左右，2～3 个 RSO，2 个 CI。从接到岗位需求订单到完成 RSO 平均周期为 7～10 天。

总体来说，在猎头 KPI 这个问题上，没有最好的方案，只有最适合的。需要综合考虑行业特点、市场变化和客户需求，以确保 KPI 的设定既有助于业务的发展，保证顾问的执行合理性，又能够适应不断变化的市场环境。

4.3 8个核心KPI考核带来的业绩增长原理

猎头KPI考核受多种因素的影响，因此在实际执行的过程中往往需要与奖金、绩效等其他考核制度相结合，这样才能达到理想的落地效果。

通常情况下，大多数猎头公司会从以下几个维度设计KPI考核制度。

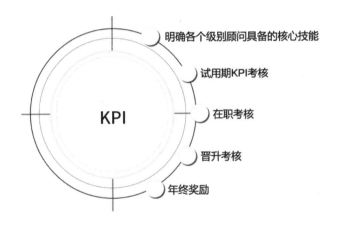

🔍 1. 明确各个级别顾问具备的核心技能

从猎头工作的服务流程来讲，猎头顾问需要掌握人才访寻和摸排、候选人初步沟通、候选人深入面试评估、客户对接、客户开发、团队管理等基本的专业技能。

针对专业能力不同、级别不同的顾问，需要灵活设置不同的KPI，考核项和数量也要随之变化，不能千篇一律。

2. 试用期 KPI 考核

对于没有经验的猎头顾问来说，试用期属于入门和扫盲阶段，要重点考查其对基本技能的掌握程度。建议可以分两个时间点进行监督：三个月和六个月。

前三个月，侧重在 Warming Call、访寻技巧、初步沟通上。此时 KPI 起到的是监督和提醒的效果，考核参考性不大。六个月时，以 Offer 或者入职的业绩数据来验证顾问的能力，同时将这些 KPI 作为能否通过试用期、加薪、降薪的重要参考指标。

3. 在职考核

众所周知，猎头顾问是有业绩结果考核的。在职考核主要是考查业绩指标的达成情况，同时也需要关注过程中的 KPI 数据。

对于"业绩好，KPI 差"的顾问，可以采用"季度考核＋年底进行全年打通考核＋业绩加分"的思路，这样既能关注过程 KPI，同时也能够避免打击业绩优秀的顾问的工作积极性。

4. 晋升考核

很多人比较关心的问题：KPI 到底要不要作为晋升的考核因素呢？

晋升主要还是依据顾问的"业绩达成"和"岗位胜任力"这两个关键指标。业绩体现了顾问实际对公司的贡献和价值，而岗位胜任力则代表着能力以及潜力，可以此判断猎头顾问未来可能会给公司带来的包含业绩在内的更多的其他价值。

既有战力又有潜力，这样的顾问才值得晋升和提拔。很多时候，

KPI 的过程数据参考意义其实并不大。

🔍 5. 年终奖励

抛开业绩不谈，对于那些 KPI 完成得比较优秀的顾问，年底进行一定程度上的奖励和表彰是非常有必要的。尤其是对于那些勤奋努力的顾问要进行表彰，毕竟这种态度是每个公司需要提倡的，他们能起到榜样带头作用。

由于 KPI 的设计涉及多种因素，因此每家公司应该根据自身的实际情况设计与自身相符的考核指标。根据猎头行业现状及未来发展趋势，猎头 KPI 走"强数据分析、弱考核、重关键业务指标"的路线，应该是正确的方向。

下面给大家分享下我们公司过往的 KPI 与绩效考核方案。

职级	试用期考核			在职考核			晋升考核	
	考核时间	指标	考核结果	考核时间	指标	考核结果	晋升	任职时间/业绩回款
AC	一个月	至少提交一个符合组织架构图模板要求的候选人摸排组织架构图	淘汰	季度	季度KPI平均分达到80分	扣除季度最后一个月20%的月薪	AC-JC	1年/30万
	三个月	三个月的KPI平均分达到80分	淘汰	半年	回款达到顾问半年Baseline的80%	淘汰		
	六个月	2个Offer（Turn Down和入职后试用期内掉单除外）或正式入职候选人的服务金额达到15万	淘汰	年度	年回款达到顾问年Baseline的80%			
C	一个月	至少提交一个符合组织架构图模板要求的候选人摸排组织架构图	淘汰	季度	季度KPI平均分达到80分	扣除季度最后一个月20%的月薪	JC-C	1年/40万

该考核方案是 KPI 与结果的结合。根据顾问级别的不同，按照时间维度采用试用期考核、在职考核和晋升考核相结合的考核方式。部分考核规定如下。

1）AC（助理顾问）

（1）试用期考核。

入职一个月内考核：至少提交一个符合组织架构图模板要求的候选人摸排组织架构图，否则淘汰。

入职三个月后考核：三个月的 KPI 考核平均分需要达到 80 分，否则淘汰。

入职六个月内考核：成功完成 2 个 Offer（Turn Down 和入职后试用期内掉单除外）或正式入职候选人的服务金额达到 12 万元，则予以转正，否则淘汰。

（2）在职考核。

季度考核：季度 KPI 平均分达到 80 分，否则扣除季度最后一个月 20% 的月薪。

半年考核：回款额达到顾问半年 Baseline 的 80%，否则淘汰。

年度考核：年回款额达到顾问年 Baseline 的 80%，否则淘汰。

（3）晋升考核。

在公司工作满一年，全年回款金额达到 30 万元，年度 KPI 考核平均得分达到 80 分，无违反公司规章制度之行为，由个人申请，经公司批准后，晋升为 JC（初级顾问）。

2）C（顾问）

（1）试用期考核。

入职一个月内考核：至少提交一个符合组织架构图模板要求的候选人摸排组织架构图，否则淘汰。

入职三个月后考核：三个月的 KPI 考核平均分达到 80 分，否则淘汰。

入职六个月内考核：成功完成 3 个 Offer（Turn Down 和入职后试用期内掉单除外）或正式入职候选人的服务金额达到顾问试用期 Baseline 的 80%，则予以转正，否则淘汰。

（2）在职考核。

季度考核：季度 KPI 考核平均分达到 80 分，否则扣除季度最后一个月 20% 的月薪。

半年考核：回款额达到顾问半年 Baseline 的 80%，否则淘汰。

年度考核：年回款额达到顾问年 Baseline 的 80%，否则淘汰。

（3）晋升考核。

JC-C：在公司工作满 1 年，全年回款金额达 40 万元以上，年度 KPI 考核平均得分达到 80 分，无违反公司规章制度之行为，由顾问个人申请公司批准，晋升为 C。

C-SC：在公司工作满 1 年，全年回款金额达 60 万元以上，年度 KPI 考核平均得分达到 80 分，无违反公司规章制度之行为，由顾问个人申请公司批准，晋升为 SC。

详情见下图。

职级	在职考核				年度晋升考核			
	考核结果	考核时间	指标	考核结果	晋升	任职时间/业绩回款	团队规模	其他
AC	淘汰	季度	季度 KPI 平均分达到80分	扣除季度最后一个月20%的月薪	AC-JC	1年/30万	/	年度KPI考核平均得分达到80分，无违反公司规章制度之行为
	淘汰	半年	回款达到顾问半年 Baseline 的80%	淘汰				
	淘汰	年度	年回款达到顾问年 Baseline 的80%					
JC/C	淘汰	季度	季度 KPI 平均分达到80分	扣除季度最后一个月20%的月薪	JC-C	1年/40万	/	年度KPI考核平均得分达到80分，无违反公司规章制度之行为
	淘汰	半年	回款达到顾问半年 Baseline 的80%	淘汰	C-SC	1年/60万		
	淘汰	年度	年回款达到顾问年 Baseline 的80%					
SC	降薪/淘汰	季度	季度 KPI 平均分达到80分	扣除季度最后一个月20%的月薪	C/SC-TL	1年/80万	/	年度KPI考核平均得分达到80分，无违反公司规章制度之行为
	降薪/淘汰	半年	回款达到顾问半年 Baseline 的80%	降薪/淘汰				
	降薪/淘汰	年度	年回款达到顾问年 Baseline 的80%	降薪/淘汰				
TL/M/SM	降薪/淘汰	季度	团队季度KPI达到80分	扣除TL/经理季度最后一个月20%的月薪	TL-M	2年/300万	4/1+3	超额完成团队利润线
		半年	团队回款达到TL/经理基本月薪的75倍	降薪/淘汰	M-SM	3年/500万	9/1+2×(1+3)	超额完成团队利润线
		年度	团队利润达到团队利润基准线40万	降薪/淘汰	SM-D	5年/800万	13/1+3×(1+3)	超额完成团队利润线
D					D-VP	5年/1500万	17/1+4×(1+3)	超额完成团队利润线

既要考核，又要弱化考核，避免无谓的考核，注重数据驱动和业务关键指标的实际意义，这样才能更好地适应变化莫测的市场需求。

4.4 KPI 设计案例解析

在了解完 KPI 设计的底层逻辑和各项指标的合理应用场景后，本节将分享几家猎企的 KPI 设计案例，以供大家参考。

案例一：国内某中等规模猎头公司的 KPI

该公司从 2013 年 10 月开始，KPI 考核只考核电话时间，要求每天电话时间在 1 小时以上。以下是该公司的 KPI 设置。

（1）KPI 的考核周期是前一个月的 16 日至次月的 15 日，系统自动结算。

（2）Monthly Base Pay（每月基本工资）中的 20% 与 KPI 考核有关。比如，A 员工的 Monthly Base Pay 是 5000 元，那么其中 5000 元 ×20%=1000 元是需要 100% 完成 KPI 考核才可以全额拿到。

Base Salary（基本年薪）/ 15%= Quota（年业绩指标）。

Commission（佣金提成）= 该年个人到款业绩 ×（25%～33%）- Base Salary（基本年薪）。

提成比例根据当年业绩从 25% 到 33% 递增，如果当年未完成指标的 60%，则次年需要补足差额部分。

如果 A、B、C 三个员工的 Base Salary 都是 15 万元，则 Quota=15 万元 /0.15=100 万元；

假设 A 员工今年业绩是 80 万元，那么 Commission=80 万元 ×

28%-15 万元 =7.4 万元。其中，28% 的提成比例是根据业绩从 25% 递增上来的。

假设 B 员工今年业绩是 60 万元，那么 Commission=60 万元 × 25%-15 万元 =0；所以 B 员工该年是拿不到提成的。

假设 C 员工今年业绩是 50 万元，那么 C 员工该年不但拿不到 Commission，在第二年还要补足差额的 10 万元业绩。

除了以业绩为 KPI 考核指标之外，很多公司还会以工作过程中具体项目为 KPI，这样做更有指导性。

案例二：国内某大型猎头公司

职位	项目	数量/月	权重（总分值）	每一个得分	IT 统计	顾问/R/BD 做到
C	开发简历	40	5%	0.125	一半统计开发人数量，一半统计原始简历上传数量	上传开发的收到的所有简历原件，及时抄送行政录入系统
	顾问面试	40	5%	0.125	统计顾问面试记录数量	系统及时记录电话面试或2F的面试评价，每周10个，每月40个
	CV Out	20	55%	2.750	推荐顾问给行政和上传简历分值计分	推荐简历给的同时抄送行政，推荐顾问上传推荐简历附件
	客户面试	12	5%	0.417	统计客户面试的候选人数量	每周客户面试的候选人3个，状态及时录入系统
	案件开发BD	4	15%	3.750	每月开发案件数量	每周顾问每周1个，每月4个案件开发
	客户开发	4	5%	1.250	每月目标单位新增数量	每周采集2家客用马的公司，给行政，新建入系统目标单位
	Search表上传	n	8%	8/n	是否100%上传每月结束的案件（n为应上传个数）	上传所有每月结束Search 表100%
	List	1	2%	2.000	名单上传数量	每月上传一家采集的公司名单
Researcher	推给顾问简历	50	85%	1.700	开发顾问数量	开发的顾问交给顾问的同时给行政，录入系统
	开发寻访有效候选人	150	10%	0.067	名录开发数量（名录可连续输入）	按Search表标准格式及时上传，并抄送
	List	1	5%	5.000	名单上传数量	每月上一家采集的公司
BD	新案件	32	60%	1.875	BD数量	BD职位数量每周2个
	客户新建	60	20%	0.333	新建目标单位数量	及时发行政，录入开发客户信息建构
	客户拜访记录	100	20%	0.200	客户拜访数量	及时记录和客户交流内容

案例三：国内某中型猎头公司

（1）助理顾问（AC）过程数据 KPI 的设置如下图所示。

助理顾问（AC）过程数据指导线								
项目	考核项目	权重分值	目标量（日/周）	目标量（月）	计算对照值	实际完成量	实际完成率	得分
1	Warming call	15	25/日	500/月	150%			
2	推荐至客户简历数（RSO）	40	3/周	12/月	无			
3	客户面试简历数（CI）	15	1/周	4/月	无			
4	组织架构图	10	2/周	8/月	无			
5	计入系统简历数	20	10/周	40/月	无			
	目标量	100					总得分	

此岗位月度考核项目、权重分值、目标量（日/周/月）分析如下。

- Warming Call：分值 15 分、25 条/日、500 条/周。

- 推荐至客户简历数（RSO）：分值 40 分、3 份 / 周、12 份 / 月。
- 客户面试简历数（CI）：分值 15 分、1 份 / 周、4 份 / 月。
- 组织架构图：分值 10 分、2 个 / 周、8 个 / 月。
- 计入系统简历数：分值 20 分、10 份 / 周、40 份 / 月。

其中，只有 Warming Call 设置得分上限，为 150%。例如，Warming Call 实际完成 800 个，理论完成率 =800 分 /500=160%，封顶取 150%。所以，Warming Call 得分 =10 分 ×150%=15 分。

（2）顾问（C）过程数据 KPI 的设置如下图所示。

项目	考核项目	权重分值	目标量（日/周）	目标量（月）	实际完成量	实际完成率	得分
			顾问（C）过程数据指导线				
1	Warming call	10	15/日	300/月			
2	推荐客户简历数（RSO）	30	5/周	20/月			
3	客户面试简历数（CI）	15	2/周	8/月			
4	CI/RSO	20	40%	转化率			
5	组织架构图	10	1.5/周	6/月			
6	高端候选人F2F面试（视频&面谈，年薪50万以上）	5	2/周	8/月			
7	计入系统简历数	10	5/周	20/月			
	目标分	100				总得分	

此岗位月度考核项目、权重分值以及目标量（日 / 周 / 月）分析如下。

- Warming Call：分值 10 分、15 条 / 日、300 条 / 周。
- 推荐至客户简历数（RSO）：分值 30 分、5 份 / 周、20 份 / 月。
- 客户面试简历数（CI）：分值 15 分、2 份 / 周、8 份 / 月。
- CI/RSO：分值 20 分、转化目标值为 40%。
- 组织架构图：分值 10 分、1.5 个 / 周、6 个 / 月。
- 计入系统简历数：分值 10 分、5 份 / 周、20 份 / 月。
- 高端候选人 F2F 面试：分值 5 分、2 个 / 周、8 个 / 月（视频 & 面谈，年薪 50 万元以上）。

顾问（C）如果在 2018 财年入职，则豁免一个月的过程数据指导线考核。

（3）高级顾问（SC）过程数据 KPI 的设置如下图所示。

项目	考核项目	权重分值	目标量（日/周）	目标量（月）	实际完成量	实际完成率	得分
			助理顾问（JC）过程数据指导线				
1	Warming call	15	15/日	300/月			
2	推荐客户简历数（RSO）	30	5/周	20/月			
3	客户面试简历数（CI）	15	2/周	8/月			
4	CI/RSO	15	40%	转化率			
5	组织架构图	10	1.5/周	6/月			
6	高端候选人F2F面试（视频&面谈，年薪50万以上）	5	2/周	8/月			
7	计入系统简历数	10	5/周	20/月			
	目标分	100				总得分	

此岗位的月度考核项目、权重分值、目标量（日/周/月）分析如下。

· Warming Call：分值 5 分、15 条 / 日、300 条 / 周。

· 推荐至客户简历数（RSO）：分值 30 分、5 份 / 周、20 份 / 月。

· 客户面试简历数（CI）：分值 20 分、2 份 / 周、8 份 / 月。

· CI/RSO：分值 20 分、转化目标值为 40%。

· 组织架构图：分值 10 分、1.5 个 / 周、6 个 / 月。

· 计入系统简历数：分值 10 分、5 份 / 周、20 份 / 月。

· 高端候选人 F2F 面试：分值 5 分、2 个 / 周、8 个 / 月（视频 & 面谈，年薪 50 万元以上）。

高级顾问（SC）如在 2018 财年入职，则豁免一个月的过程数据指导线考核。

KPI 不仅是衡量业绩的工具，更是引导和激励团队的方向标。KPI 的设计方案不是一成不变的，而是与组织战略的变化同步调整。一个设计完善的 KPI 系统应该能够全面反映组织的战略目标，同时激发员工的积极性和创造力。

4.5 OKR：解决困扰的金钥匙

猎头公司通常需要完成一些具体的任务，如客户开发、候选人访寻、候选人面试评估、客户关系维护等。这些任务可以被转化为具体的目标、并用于衡量关键结果以此确定绩效。

为此，OKR 考核便成了不少猎头公司的选择。OKR 是一种目标管理方法，通过设定具体的目标和关键结果，以激励和指导员工的工作。

猎头公司采取 OKR 考核法的优缺点从下图可以看出。

优点

明确目标
OKR强调设定明确的目标，为猎头顾问提供了清晰的方向和工作重点。

可衡量的结果
通过对关键结果的衡量，可以评估猎头顾问在实现目标方面的表现，并提供反馈和改进的机会。

激励和动力
OKR为顾问提供了明确的目标和衡量标准，可以激励他们努力工作，追求卓越。

缺点

1. **主观性**
猎头工作往往涉及复杂的人际关系，某些结果难以量化，并且容易受主观因素影响。

2. **不确定性**
在猎头行业中，有些目标的实现受到一些不可控因素的影响，比如候选人的意愿或市场情况。

3. **时间限制**
猎头公司的业务通常具有时间敏感性，需要在特定期限内完成任务，这将对设定和追踪OKR的时间框架提出挑战。

OKR 考核法是否适配猎头公司，很大程度上取决于猎头公司的具体情况和经营模式。很多时候，需要根据自身情况进行调整和优化，以确保目标设定合理，关键结果可衡量，并在实施过程中灵活适应公司所服务的行业。

2017 年,我们公司进行战略迭代升级后,基于公司"专业、服务、品质、高端"的服务理念,传统的 KPI 考核方式很难匹配业务定位,于是进行了大胆突破和创新,开始实行"双轨制"(OKR + KPI)考核。

双轨制考核的核心逻辑是,KPI 作为过程奖励(如年度最佳 KPI 奖励等)和数据分析工具,OKR 则解决业务关键指标,如 KA 客户、高端岗位数量等。

具体操作的思路和流程分为以下几步。

第一步:确定 OKR 指标字段数据库。

对于任何行业和公司来说,实现 OKR 考核的第一步就是要确定 OKR 的字段数据,也就是 OKR 考核的关键指标。

对于猎头行业,我将猎头 OKR 数据库分为四个维度。

(1)公司层面主要包括收入、利润、业务定位、系统、品牌等核心指标;

(2)从运营角度考虑,归纳总结为收入、利润、顾问人均单产、重要客户收入等;

(3)从团队角度考虑,主要包括客户及职位情况、经理能力指标、团队规模等;

(4)具体到顾问层面,主要包括顾问的回款、利润、高端岗位操作、候选人把控等关键能力指标。

		OKR数据库	
公司层面		收入、利润、业务战略定位、BMS、品牌核心竞争力	
运营层面		收入、利润、团队规模、KA客户收入、人均单产	
团队层面		收入、利润、Offer	
	客户	客户数量、客户质量、KA客户、客户关系、客户把控	
	职位	Case数量、Case均值、高端岗位数量、Case同质化、职位专注、单子均值	
	经理	BD、业务流程把控、团队组建、团队培养、客户把控、经理做单	
	SC/PC	职能专注、高端岗位、组织架构图/深入Mapping、候选人把控	
	团队规模		
顾问层面		收入、利润、offer、 职能专注、高端岗位、组织架构图、候选人把控	

第二步：确定行动计划。

明确了OKR的几个维度的指标之后，接下来就要进行关键结果分解，以及确定要达到每一个关键结果，需要采取的具体行动计划，如下图所示。

2017团队层面OKR管理--按照季度Review					
区域		上海		行业	奢侈品
目标		150万收入，利润70万		Review	0.7
关键结果1		团队规模：达到9人		得分	0.6
行动计划	1	6月底之前招4个人			
	2				
	3				
	4				
	5				
关键结果2		经理：个人业绩达到30万		得分	1
行动计划	1				
	2				
	3				
	4				
	5				
关键结果3		职位：订单均值达到6.5万		得分	0.5
行动计划	1				
	2				
	3				
	4				
	5				

根据OKR的行动方案，对应的KPI考核方案如下图所示。

公司KPI指标及标准					
项目	公司标准	周	月	统计对象
Warming Call	人均Warming Call 15个/日			顾问/助理
RSO	人均RSO 4.5个/周			顾问/助理
CI	人均CI 2.4个/周			顾问/助理
CI/RSO	CI/RSO=1:2			团队
流程中高端订单数量	人均4个			团队
流程中订单数量	人均8个			团队
KA客户数量	KKA:2个;KA:5个			团队
BD目标公司市场调研表				团队
客户访谈量	2个/月			团队
计入系统简历数	40个/月			

通过实践总结，猎头公司在进行 OKR 考核时，需要关注以下几个方面的问题。

（1）明确目标。首先，要确保每个员工的 OKR 都清晰、具体、可行和具有挑战性。这些目标需要与公司的战略目标和价值观相一致，不能过于宽泛或过于简单。

（2）量化关键结果。关键结果（KR）应该是具体、可量化和可评估的。这些结果应该是顾问的核心产出，以便于衡量顾问的绩效。同时，这些结果也应该具有挑战性，需要员工付出努力才能达成。

（3）制订计划和行动方案。为了达成 OKR，需要制订详细的计划和行动方案。这些方案应该明确员工在每个阶段需要完成的任务，以便于跟踪进度并做出必要的调整。

（4）全员公开。OKR 应该是全员公开的，让每个员工都能清楚地了解公司的目标和个人的目标。这种公开性有助于促进团队合作和资源协调，也有助于提高员工的使命感和责任感。

（5）持续曝光。为了确保 OKR 的持续关注和实施，员工和团队需要定期更新进度。这有助于提醒员工，并促使他们不断努力。

（6）不与绩效考核挂钩。尽管 OKR 可以作为绩效评估的参考，但不应将其与具体的奖惩措施（如奖金、晋升等）直接挂钩，否则会使员工感到压力，影响其真实表现。

（7）双向沟通。在制定和实施OKR的过程中，管理层和员工之间需要进行充分的双向沟通。这有助于确保目标设定合理，实施顺利，也可以为员工提供必要的支持和资源。

（8）透明化管理。OKR的实施过程应该是透明化的，每个员工都应该清楚地知道公司的目标和个人的目标。这样可以提高员工的参与度和责任感，也有助于管理层更好地了解员工的进展和困难。

（9）定期评估和调整。随着市场环境的变化和公司战略的调整，员工的目标可能需要随之改变。因此，定期评估和调整是必要的，以确保OKR仍然具有意义和可行性。

在实行的过程中，如果能够注意上述问题，那么我相信一定可以更有效地进行OKR考核，从而提高员工的绩效和工作质量，促进公司的长期发展，解决团队考核路上的很多烦恼。

Chapter 05
第 5 章

百万猎头的跃迁实战

5.1 税后年薪 1200 万元的大单

2019 年,我的公司正处于战略变革和转型期。为了战略和业务的精准定位,我再次深入一线了解业务和市场。这是一次全新的挑战,我进入了之前从未深入涉及,同时也不是很感兴趣的房地产行业。没想到,这次深入一线,让我签下了猎头生涯中最大的一笔单子——候选人税后年薪 1200 万元的大单。

如今回想起来,整个过程既有趣,也有不少值得复盘的地方。在此,我将该案例的整个过程与心得体会分为几块内容,与读者分享。

1. 保持职业敏感度

客户是北京的一家民营房地产公司,定位高端品质楼盘,岗位需求是访寻一位副总裁。我用了三天时间筛选资源库,最终在五名候选人中锁定了目标人选 A 先生,客户对他的履历也比较满意。

在给候选人 A 先生做背调的过程中，我与其上司张总进行了沟通。张总是国内排名前十的地产公司高管，行业大咖级人物。关于 A 先生的背调结束了，但是我与张总的沟通还在继续。对于这样的行业大咖，素来是猎头眼中的重要猎物。如果有机会发展成潜在人选，一定不能错过，这需要猎头顾问时刻保持极高的职业敏感度。

> 张总，您来这家新公司快半年了吧，工作开展顺利吗？有没有达到您预期的效果？

> 也就这么回事吧。

正是这句不经意的闲聊，让我捕捉到了一个关键信息——张总对目前的工作环境似乎并不是很满意。在接下来的聊天中，我借机详细介绍了自己的情况并加上了张总的微信。

2. 不同于传统的猎寻之路

通常情况下，国内猎头公司的运作模式是先要简历，再推荐。这与国际上的高级猎头公司有所不同，他们通常与候选人多次接触并深入了解之后，再开始采取"猎取"行动。这种模式的优势在于可以做到精准推荐，而张总的案例就属于这种模式。

过了几天，我主动约张总电话沟通，他也爽快地答应了。因为张总当时任职的公司是河北派中规模和品牌最大的地产公司之一，所以我们就目前地产行业的情况，一线品牌公司的业务模式，粤系、闽系、京派、河北派等各种派系的特点以及发展情况进行了深入交流。

通过一番交流，基本验证了之前的猜测，张总所在的公司遇到了困难，所以我判断，如果有更好的机会，张总应该会考虑。

当时客户委托我们访寻的是副总裁职位，比较难找，而张总的资历和能力是比较适合客户公司总裁职位的。于是我试探性地询问："张总，您是行业内的专家，我们这个客户目前在发展阶段，抽空我安排一下，您和董事长认识一下，帮忙指导一下。"

张总再次爽快地答应了。对于这类高管来说，这是难得的扩展人脉的机会，所以作为猎头千万不要犹豫，至少要把想法说出来。

几天后，客户董事长带着人力资源总监一道，我们几个人以行业交流的名义约在了北四环一家火锅店。这次交流很顺畅，彼此也非常认可对方，但这层窗户纸还没有捅破。

3. 一次生意，两笔大单

很快，我了解到客户希望张总能够过去当总裁，于是再次约见张总。我很坦诚地告诉张总，这个客户目前正处于发展期，很希望请一位有经验的总裁过来帮忙，帮助公司突破目前的发展瓶颈。

张总表示可以考虑，至此，这层窗户纸算是正式捅破了。

接下来就是按照专业的猎头流程运作了，进入谈薪、发 Offer、离职交接等流程。两个月后，张总到客户公司正式报到，税后年薪 1200 万元，薪资比前任公司略有涨幅。

候选人 A 先生也在之后顺利入职，担任副总裁的职务，税前年薪 524 万元。

一次生意，促成了两笔大单。这个案例一直让我引以为傲，并不仅仅是因为赚到了高额的佣金，而是因为整个过程的运作真正达到了期望。猎头顾问并不仅仅是简历的"搬运官",更多的是运作、咨询、价值的输入。

 4. 五点总结

猎头顾问在运作大单时一定要谨慎,以下五点经验可以提高签单成功率。

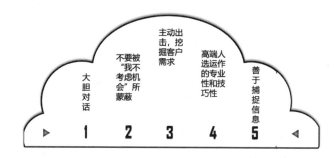

(1)不要觉得自己资历浅,不敢跟高端人选对话。

隔行如隔山,每份职业都有自己的专业和规则,对于行业外的人来说,行业内的人就是专家,哪怕你只是一名普通的猎头顾问。

因此,无论面对多么高端的候选人,猎头顾问一定要自信,要用你的气场征服候选人,赢得候选人的认可。

(2)不要被候选人表面上的"我不考虑机会"所蒙蔽。

高端候选人在前期往往不会直接亮出底牌,说明自己的真实想法。原因很多。例如,出于自尊,信息保密,对猎头不了解、不信任等。所以,不要因为一句"我不考虑机会"就放弃跟进候选人。真正优秀的顾问,能够从候选人拒绝的理由中判断其真实意愿,继而与候选人建立信任感,进行更进一步的接触。

（3）主动出击，挖掘客户需求。

如今，市场上大部分猎头顾问都是在接受客户岗位委托后，针对具体岗位进行访寻。对此，我分享三点经验。

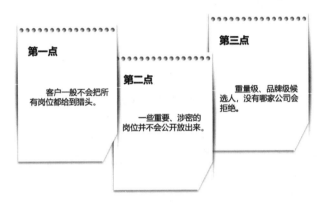

第一点：客户一般不会把所有岗位都给到猎头。

第二点：一些重要、涉密的岗位并不会公开放出来。

第三点：重量级、品牌级候选人，没有哪家公司会拒绝。

本节所讲的这个案例就属于第三种情况。客户委托访寻副总裁岗位，总裁岗位虽然也有需求，但并没有放出来。不过，在做背调的过程中，我发现张总适合做总裁，所以就主动联系并推荐给了客户。由此可见，猎头顾问在工作中一定要主动，要充分挖掘客户的需求，带着真正帮助客户输入优秀人才的服务性思维去做事。

（4）注重运作高端人选的专业性和技巧性。

不同的群体，顾虑点是不一样的，所以针对普通候选人和高端候选人的访寻手段也是不同的。例如，面对高端候选人，不要一上来就要对方简历，问人家是否考虑机会，而是应该通过聊天建立连接。当候选人对顾问产生信任之后，再往下推进。

（5）善于捕捉信息。

猎头顾问一定要时刻保持职业敏感度，要善于捕捉信息，抓住与候选人沟通过程中的每一个信息点，说不定就可以成为突破点。

5.2 跨界猎英：适合转型做猎头的六类人

自运营公众号以来，经常有读者咨询以下问题。

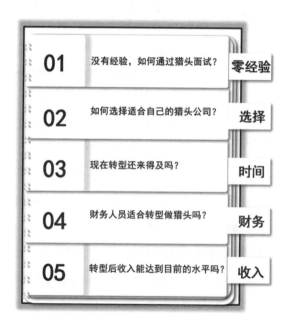

认真总结问题之后，我发现大家最担心的还是能否成功转型的问题，毕竟进入陌生的领域确实意味着很大的不确定性。

虽然猎头行业对专业和工作背景的要求并不高，但由于每个人之前的职业背景不同，区别还是很大的。有些职业跨界到猎头行业，需要克服的障碍更多一些；而有些职业转型做猎头，明显更顺畅一些。

以我在猎头行业 20 年的观察和体验，以及公司过往顾问转型的案例分析，我认为以下六类职业转型猎头的成功率较高，优势也较明显。

1. 课程顾问

猎头每天需要与大量的中高端人才打交道，沟通表达能力很重要。在培训机构从事过课程顾问的人，一般都具备不俗的亲和力，思维清晰、表达能力强，懂得一定的沟通技巧。我们曾经的一个百万顾问就是从国内某大型学科培训机构转型过来的，上手很快，经过简单培训，很快就能与候选人进行良好的互动和沟通，整个转型过程很顺畅。

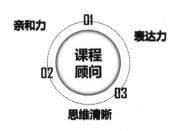

2. 教师

教师往往具备较强的学习能力、逻辑思维能力、同理心等。这些优秀的品质在猎头行业能够得到更好的发挥，所以教师转型具备不错的基础素质条件。

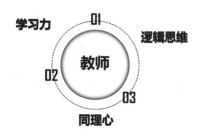

3. 销售 / 业务员

没有强大的心理素质和抗压能力是做不好销售的。与此同时，销售人员的自信、坚持、包容以及不服输的个性，恰恰也是一名优秀的猎头顾问需要具备的。因此，之前从事销售职业的人转做猎头也是比较容易成功的。

4. HR

实际上,猎头本质上也属于人力资源的招聘板块。HR 从业者具有甲方的招聘经验,更熟悉甲方的招聘流程和心理,同时具备专业的招聘技能。因此,HR 转型做猎头,具有其他职业所无法比拟的优势。

5. 保险经纪人及理财规划师

之所以把保险经纪人和理财规划师放在一起讲,是因为二者有共同特点:优秀的人品和职业操守。猎头顾问服务的是中高端人士,想得到这群人的认可和信任,这两点是非常重要的。另外,这两个职业每天都需要频繁地与客户进行电话沟通,这一点也与猎头职业非常相近。

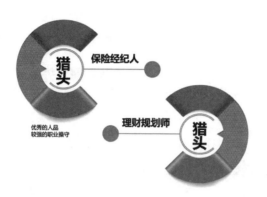

6. 技术研发人员

通常情况下,技术研发人员都善于钻研、学习力强,逻辑思维能力优秀。如果从事有一定门槛的技术研发类领域的猎头,如信息技术、工程与技术、自然科学等领域,那么他们的优势是非常突出的。技术研发工作背景出身的猎头,在百万猎头顾问的群体中占有不小的比例。

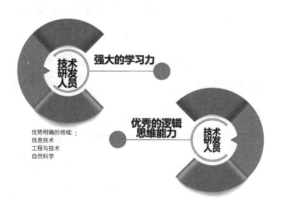

以上这几类人如果转型做猎头,由于之前工作背景的沉淀,他们通常更容易度过转型适应期。

关于这个问题，我的答案是并非如此！

之所以说以上六类职业的从业者适合转型做猎头，很大程度上是看重这些人具备的基础条件，如良好的沟通能力、逻辑思维能力、抗压能力、学习能力等。这些基础能力是一名合格的猎头所必须具备的，他们已经有了这方面的经验和特质，因此转型之路的阻力自然会小。对于其他行业的从业者来说，只要你具备这些基础能力，都是有机会成功转型猎头行业的。

我始终认为，世界上没有最优选择，只有最合适的选择。我接触过的众多猎头顾问，曾经所从事的职业五花八门，他们依然成为一名优秀的猎头顾问。

客观地讲，任何职业的转型都会面临失败的风险，猎头行业也不例外。角色转化、思维方式、新技能、工作流程、人脉圈……诸多方面的变化确实增加了转型失败的风险。但我想说的是，"基本条件＋兴趣＋坚持"，只要具备了这三点，你就可以大胆地尝试，而且成功的概率很高。

罗曼·罗兰说："最可怕的敌人，就是没有坚强的信念。"很多时候，坚持真的很重要，当你想要放弃的时候，往往再坚持一会儿，就能看到回报了。我入行之后只做了一年的猎头顾问，之后便选择了猎头创业，如今在这个行业里已经摸爬滚打了 20 年。

关于转行的收入，这是一个很现实的问题。转行初期收入肯定会受到影响，所以我的建议是以 3 年、5 年甚至更长时间的平均收入进行衡量，这样会更科学，也更合理。

5.3 40+ 职业女性如何成为赚钱的猎头女王？

想要转型做猎头，归根结底还是要看个人能力，包括沟通能力、学习能力、抗压能力等。只要具备这些基础能力，无论之前从事什么职业，都有机会成功转型。

转型猎头，工作履历不是很重要，同样，猎头行业对从业者的年龄要求也没有太多限制，这和很多行业在招聘时将用人标准定在35岁以下是完全不同的。我在招募团队时更喜欢35岁以上的人选，尤其是女性。

2014年，在公司年会上，我宣布了一个决定：调整公司的顾问结构，顾问招聘以40岁以上且没有猎头经验的优先，占到招聘比例的70%。虽然当时遭到了大部分经理的反对，但我还是坚持这项人才战略决定。

之后我面试了数百名40岁以上想转型的职业女性，发现相当一部分人处于迷茫困惑之中，同时这些职业女性又具备不服输的性格，渴望打破当下的困局。从转型结果来看，40+的职场女性，她们职业生涯的下半场并不一定都是惨淡收场，完全能够做到华丽转身。

分享我们公司的两个案例，愿40+的职业女性都能被岁月善待，在职业生涯的下半场重新绽放。

案例一

李女士，原本在某国企物业公司做客服主管，干了十几年。2016年，企业改制，被动离开，当时整个人的状态比较低迷，对未来也很是迷茫，不知道接下来的路该怎么走。经过3个多小时的沟通，她最终决定加入我们公司，负责商业地产板块。

结果，2016年当年她便完成了业绩指标，业绩排在前10名；2017年成为百万顾问。后续几年她的业绩一直稳定在百万左右，无论是状态还是自信心，都与之前大不一样。

案例二

徐女士，毕业工作几年后回归家庭，做了十几年的全职妈妈。2015年重新回到职场，在互联网金融公司做人力行政工作，后因公司业务调整选择离开。

2018年，徐女士进入我们公司做消费品行业顾问，专注做研发类岗位。每年的平均业绩都在60万元以上。未来希望能带团队，成为猎头团队长。

类似案例在我的团队中还有很多，很多人对我招聘40岁以上的职业女性感到不解，毕竟这个年纪往往是被企业嫌弃的。

电视剧《女心理师》中有这么一段情节，詹璐是一位文学系的高才生，同时也是两个孩子的妈妈，在阔别职场8年后打算重返工作岗位。但面试却四处受阻，被问得最多的问题是——你怎么能够保证重回职场之后，家庭跟工作不冲突呢？

这就是当下职场女性生存现状的缩影。在职业生涯的前半程，很多女性的职业之路因家庭和孩子被阻断、限制；而到了后半程，无论是业务能力还是精力状态,通常又饱受质疑。

对于步入职业中年期的女性来说,通常可以从两个方向打破困局。

这就是我要招聘40岁以上职业女性的原因之一,希望给职业转型中的她们提供一个平台。从实际情况分析,转型猎头顾问也是中年职场女性的上佳选择之一。

但在招聘面试过程中,我发现不少求职者很纠结。由于没有猎头从业经验,她们担心自己是否适合做这一行。我作为实际的参与者、见证者,看到的事实情况是,中年职场女性转型做猎头更容易做出成绩。

猎头顾问不仅是与人打交道的职业,同时也需要对职业生涯有一定的思考和沉淀。这就需要猎头具备良好的沟通能力、职场经验、人生阅历,而40岁以上的职场女性恰好具备这些职业素养。

当然,并不是每个人都能成功转型猎头。从大量的实践案例中,我总结出了转型成功所需的4大标准,分别是1个前提、2个优势、3个能力、4个标准,即"一、二、三、四"转型模型。

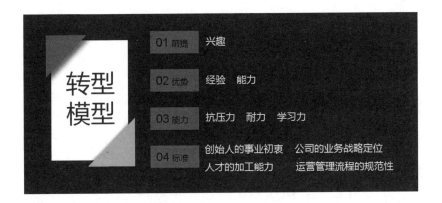

1. 1个前提：兴趣

半路步入一个全新的行业，对任何职业背景的人来说都是不小的挑战，需要学的东西很多，遇到的问题也很多，势必要付出更多的时间和精力。而想要持续产生动力，扛得住成长期的种种困难，就一定要建立在感兴趣的前提下，只有真正喜欢、热爱，才能有强大的自我驱动力。

如果你对猎头职业有详细的了解，深刻理解猎头工作的流程，清楚猎头工作面临的压力和挑战之后，仍然对猎头行业充满了浓厚的兴趣，那么完全可以进行尝试。

2. 2个优势：经验和能力

无论之前从事的是什么职业，多年的经验和能力是完全可以迁移到任何一个行业的。对于20岁、30岁的年轻人来说，这种能力迁移是短期内无法实现的，而40岁以上的职场女性则可以做到。40＋女性所具备的以下优势，很容易得到候选人的认可。

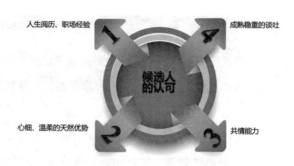

3. 3个能力：抗压力、耐力、学习力

猎头行业具备极大的不确定性，客户职位需求不断调整和变化，甚至突然取消都是常事。同时还面临客户内部推荐、HR自己招聘以及多家同行共同操作一个岗位的情况。另外，候选人的想法和思维也是不断变化的，很难掌控。

因此，具备强大的抗压能力是前提，同时要具备耐力与学习能力。耐力是从事猎头的必备品质之一，而学习能力也非常重要，如今任何行业和职业都在不断创新，猎头需要理解不同行业、不同岗位，因此必须时刻更新、迭代知识体系，否则很容易被市场淘汰。

4. 4个标准：事业初衷、战略定位、加工能力、业务流程的规范性

1)创始人的事业初衷

长期主义是任何一家公司持续经营的基本条件,猎头创业者也不例外。只有创业者具备长期主义和事业情怀,才能保证公司在品牌建设、核心竞争力打造、员工能力提升、系统建设等方面持续提升。简单来说,就是创始人的初心决定着公司的底色和气质。

2)公司的战略定位

真正聪明的人都会扬长避短,40+的职业女性应该充分发挥自己的优势,而不是和那些刚毕业的年轻人拼体力、拼电话量、拼加班时间。目前,猎头行业的现状确实是销售型的猎头多、顾问式的猎头较少;而不注重规模,专注提高顾问人均年单产的公司,通常都是"专注、专业、高效、高端"的业务模式定位。

所以,40岁以上的女性,建议选择以高端顾问式猎头为导向的猎头公司。这样既能发挥自己的经验和资源优势,同时也能让自己更有成就感和价值感。

3)对顾问的"加工"能力

猎头公司都有相关培训,只是培训的专业度和投入度不同而已。而对人才的"加工"能力,并不是指简单地培训,而是指公司能建立一套系统、科学的培训体系,将顾问的潜能充分挖掘出来,并进行个性化的培养。从而使顾问在较短时间内(通常指1年内)打下扎实的专业功底,成为独立的、能力全面的顾问。

4)业务流程的规范性

面对企业内部和猎头同行的双重竞争,保证较高的速度和效率是每个猎头顾问必须做到的。规范的运营管理体系,能从公司整体上提高效率和节奏,从而达到个体速度上的提升,这种管理模式会更加长久。

5.4 三、四线城市猎头顾问的破局之路

我分析公众号后台的用户属性,发现女性读者高达 64%,男性读者为 36%。女多男少,这也是猎头行业的普遍现状。

猎头从业者所在城市的占比情况为,上海 13.85%,北京 12.66%,深圳 7.52%,广州 5.67%。可见,四大主力一线城市北上广深的猎头从业者占比大约在 40%,其余城市总计占比 60% 左右。

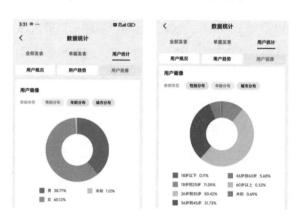

有业内人士曾粗略估算过,中国猎头的总从业人数在 50 万左右。按这个体量计算,目前非一线城市的猎头从业人员大概共有 30 万人,这是一个非常庞大的群体。

我与很多读者有过深入的沟通和交流。在与他们接触过程中,对于非一线城市猎头的状况进行了了解,我体会最深的一点是,这是一群努

力且优秀的人。相较于一线城市,虽然非一线城市的经济和生活压力相对较小,但他们并没有因此而降低对自身的要求,他们对成长依旧保持着强烈的渴望。曾经有一名来自南京的猎头顾问向我咨询,结束之后写了一份千字总结发到了我的邮箱,邮件发送时间显示为凌晨一点多。

这部分人很拼,也具备一名合格猎头顾问所需的基本素质。不过,他们身上也存在一些问题,主要来自四个方面。

问题是客观存在的,也是需要去解决的。我认为非一线城市的猎头虽然在某些方面存在局限性,但要想突出重围,也不是没有机会和可能,首先要做到以下四点。

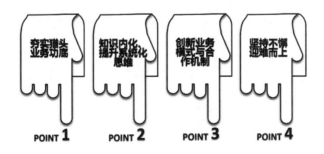

5.5 较为赚钱的两类猎头顾问

很多读者、同行都问我为何能坚持在猎头行业做这么多年,原因有很多,我认为热爱始终是一个很重要的因素。

关于收入,是不少读者经常咨询的话题。有人因为赚到钱而庆幸自己当初选择了猎头行业,也有人因挣不到钱而质疑自己的职业选择,甚至想要转行。在我看来,有两类猎头顾问是较为容易赚到钱的。

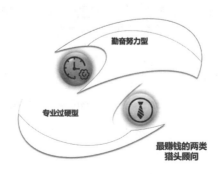

1. 勤奋努力型

"勤能补拙"大家都听过，但其背后的故事并不是每个人都了解。这句成语出自白居易写给朋友的一首诗："候病须通脉，防流要塞津。救烦无若静，补拙莫如勤。"

白居易一生在多个地方做过官，在每个地方都干得不错，政绩斐然，深受当地百姓爱戴，其中就有苏州。当时的苏州是唐代东南地区最大的州，人口众多，市场繁荣，需要处理的政务繁多。被派到如此重要的位置上，白居易肩上的担子很重，压力很大。

刚到苏州，白居易就换上便服深入民间调研，体察民情。经过十几天的明察暗访，终于对苏州各方面的情况有了初步了解。根据了解到的实际情况，他开始着手整顿当地的官场，废除了不少苛刻的条令。在他的案头上，堆满了各种文书卷宗，经常批阅到深夜，有时甚至熬通宵。

白居易原本有喝酒和听音乐的嗜好，但在那段日子里，他将这些过往的娱乐项目全部放到了一边，将所有的时间和精力都用在了工作上。白居易在苏州只任职一年左右，却为苏州百姓做了很多实事。比如，开河筑路，极大地方便了百姓的交通出行，也解除了洪涝之忧，城市变得越来越繁华。今天苏州的标志性景点山塘街，就出自白居易的手笔。

谈到这段时光，白居易用"补拙莫如勤"来形容，意思是说。我生来笨拙，怕担当不起如此重任，所以只好用勤奋来弥补。

无论什么行业，什么职业，勤奋努力的人成绩都不会差。

这些年我带过很多顾问，他们有着不同的性格，不同的学历背景，不同的职业履历。尽管有些人彼此之间的差距比较大，但勤奋努力的顾问，哪怕起点再低，天资再平庸，也几乎没有业绩差的。

2. 专业过硬型

在外行人看来，猎头是没什么技术含量的工作，实际上并非如此。而且随着市场的"洗牌"，今后将对猎头顾问的专业性提出更高的要求。

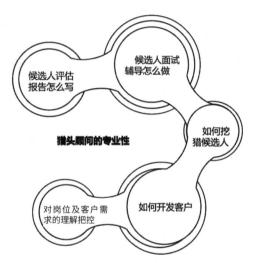

近几年，很多猎头公司都出现业务大幅减少的趋势。一方面是因为大环境不好，另一方面则是因为自身专业技能不过硬。那么，优秀的猎头顾问应该具备哪些专业技能呢？

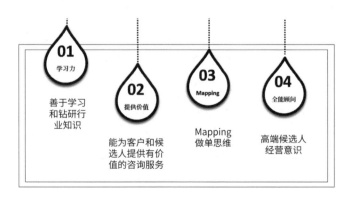

（1）善于学习和钻研行业知识。对客户所在行业有深入、系统的调研，甚至比一些不懂业务的 HR 更了解行业。

（2）能为客户和候选人提供有价值的咨询服务。比如，为候选人提供诸如行业、企业、岗位信息等有价值的内容；为客户提供行业情况、竞争对手公司的发展及人才战略等信息。

（3）Mapping 做单思维。Mapping 人才地图并不是简单地找到人，还包含对于目标公司的产品、业务架构、公司组织架构、部门架构、人员薪资等情况系统的梳理。

（4）高端候选人经营意识。优秀的顾问要对市场和商业趋势有敏锐的嗅觉，对高端候选人的经营意识也要非常强烈，他们会像经营产品一样去经营候选人。

当我们向别人输出了价值时，就一定会带回来价值。只要猎头顾问的专业技能过硬，能够带给客户价值，业绩就不会成为问题。

5.6
超越及格线：如何轻松迈过 50 万业绩大关？

得益于政策推动，国内猎头行业的市场规模不断扩大。但是猎头顾问人均单产偏低的现象，依然是行业需要突破的一大瓶颈。目前，国内猎头顾问的人均单产在 30 万元左右。对于企业以及猎头顾问来说，都不是一个令人满意的数字。

以一个入行 3 年的猎头顾问为例，其每年创造的个人产值如下图所示。

成交量	岗位薪资	猎头收费比例
1单/月	20万～25万元/年	20%/单
假设猎头顾问平均每月成交1单	每个职位的薪资平均为20万～25万元/年	每一单猎头公司收取20%服务费

猎头顾问每年所创造的个人产值

候选人年薪(20万～25万元)×20%收费×12个月（每月成交一单）

48万～60万元

由此可见，将猎头顾问的人均单产设置在每年 50 万元是合理的，这个数字也可以作为猎头顾问年业绩及格线。对于一名成熟的猎头顾问来说，年业绩达不到 50 万元，其实是不及格的。

很多猎头顾问看到这里都会感到疑惑：到底是什么原因导致自己的

年单产业绩不及格的？能不能解决？如果能，又该如何解决？

业绩不及格，问题主要出在以下四个方面。

猎头业务的行业细分不到位

猎头公司需要集中各种资源，专注投入某个行业的细分领域，领域划分得越细，就越有竞争力。

这是公司的问题，猎头顾问在选择平台的时候需要注意。

不具备深入Mapping的技能

目前80%以上的猎头顾问访715的手段依然是"搜库"，这种"简历搬运工"的年业绩基本在20万元左右。

未来的猎头顾问必须具备深入Mapping的能力；否则很容易被淘汰。

市场开拓能力弱

大部分猎头顾问属于"瘸腿"的状态，只能做交付，等着别人"投喂"客户，导致自己对生意的把控力弱，只能靠别人的脸色吃饭。

岗位甄别能力不过关

由于猎头业务的特性是先成交后付费，这就导致顾问将会面对各种不确定性，自忙活已经成为"家常便饭"。

如果顾问在接受岗位委托时，能精准判断岗位的有效性，就可以在一定程度上降低失败的概率。

需要强调的是，以上几个方面的能力并不需要猎头全部具备，但至少要具备2个。比如，你不能开发客户，那么深入Mapping的技能一定要强，对岗位要有分析和理解的能力。再比如，你达不到行业专注及细分，那么深入Mapping的技能过关也是可以的。

在讲具体的解决方案之前，我建议猎头顾问先根据职位的难易程度和效率的高低，采用四象限法对职位进行划分。

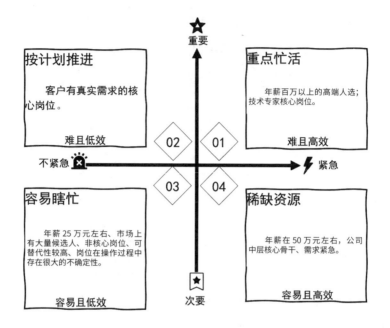

从上图很容易看出，第四象限是最容易操作的，然而市场上这类岗位需求越来越少，因此我将这类稀缺资源放到第四象限。当然，如果有这类岗位需求，肯定是要优先操作的。

第一象限是目前猎头顾问的普遍选择，难且高效，也是需要先处理的岗位。

第二象限属于难且低效的岗位，按计划推进就行。

第三象限是容易且低效的岗位，这类岗位有很大的不确定性，容易白忙一场，猎头顾问需要自己判断。

接下来进入重点内容，即猎头顾问达成 50 万元业绩的实操方案。

结合猎头顾问的性格特点以及操作的岗位类型，综合业务细分、职能专注、顾问技能等影响业绩的因素，设计一个可操作的业绩达成模型。

首先，以猎头顾问年创造价值 60 万元为标准，落实到具体的业绩目标，有以下四种达成路径。

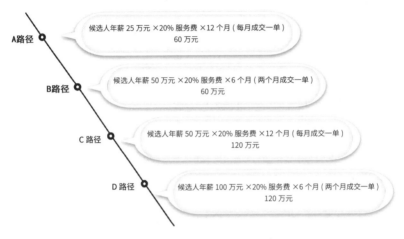

具体的业务模型分析如下图所示。

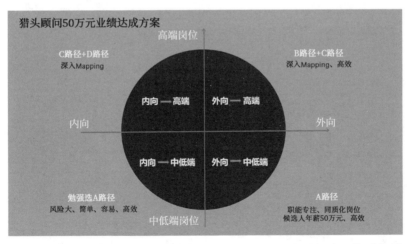

第一象限：外向型顾问定位高端岗位。顾问需要具备较强的系统摸排能力。与此同时，还要重视前期的职位甄别工作，判断出高效岗位

（客户反馈快的岗位）。然后顾问可通过 B 路径或者 C 路径达成业绩及格线目标。

第二象限：内向型顾问定位高端岗位。只要顾问的深入摸排技能过关，通过 C 路径和 D 路径都可以达成业绩目标，而且成功率往往会更高。

第三象限：内向型顾问定位中低端岗位。这类顾问要完成业绩目标比较难，甚至连基本的业务量都难以完成。

第四象限：外向型顾问定位中低端岗位。需要顾问垂直专注于某个职能线，同时有足够数量且客户反馈快的同质化岗位，这样即可通过 A 路径达成目标。

5.7 影响推荐成功率的核心因素与复杂博弈

猎头从业者经常吐槽生意难做，抱怨行业内卷严重，想开单太难了。如今的猎头行业的确存在一个愈发普遍的现象：推荐了大量的候选人，投入了很多时间、精力，但最终往往是白忙一场。换言之，就是推荐成功率太低了。那么，究竟是什么原因导致如今的猎头推荐成功率这么低呢？

相比国外，猎头行业在中国发展的时间较短，缺少专业、系统化的猎头教育体系，导致国内猎头行业缺乏专业技术人才，从业者的整体专业素养普遍偏低。

猎头是一项比较复杂且烦琐的工作，完成一笔单子从前至后需要很多道工序。如果业务技术不够精专，那么业绩往往是很难有保障的。

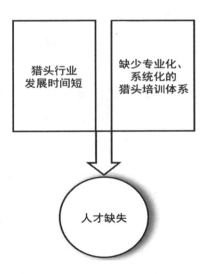

在过去中国经济高速发展的背景之下，猎头行业也是乘风而起，部分弊端被掩盖了。如今的风向变了，经济整体下行，让绝大多数行业都放慢了发展的脚步。结果，猎头行业服务质量参差不齐和效率偏低的问题也就暴露无遗，所以如今的局面也是猎头行业发展的必然趋势。

我认为改善这种情况，首先要从影响猎头推荐成功率的5大核心因素入手。

因素1：猎头公司的影响

猎头公司的数据库资源、行业专注度、员工流动率、流程的专业化等因素能够很大程度上影响推荐成功率。

对于猎头顾问来说，选择一个好平台，加入一个优秀的团队，结果是不一样的。

因素5：猎头顾问

猎头顾问的能力也将影响推荐成功率包括工作经验、专业技能、教育背景、综合素质、软技能，等等。

因素2：候选人属性

候选人的教育背景、工作背景、工作稳定性、良好的形象等属性都是企业所关注的也就是说，候选人的质量将直接决定推荐成功率。

因素3：客户属性

企业基本情况、企业文化、品牌知名度人才市场吸引力、员工稳定性、薪酬福利等，都是候选人所看重的因素。

因素4：岗位属性

岗位要求的难度、需求的合理性、岗位发展空间、岗位薪酬的竞争力等因素，同样影响推荐结果。

除了上述5个核心因素，在猎头生意中，由于"猎头公司与企业""猎头公司与候选人""企业与候选人"之间存在复杂的信息不对称，导致各方之间存在一定程度的博弈。这种博弈行为，对人才推荐的成功率也存在隐形或间接的影响。

（1）关于猎头公司与企业。与国外不同，国内猎头公司与企业客户合作，通常是没有预付款的。正因为这种零成本的合作模式，才导致企业往往会同时选择与多家猎头供应商合作。客户在与猎头公司的博弈中，占据着较大的优势。因此，企业在很多时候没有足够的动力给予服务的猎头供应商一定的支持，而是任由其自生自灭、"互相残杀"。

由于猎头与客户的合作存在着"不平等"，猎头时常处于被动局面，因此猎头公司势必会有自己的想法和对策。比如，挑肥拣瘦，资源会刻意倾斜于成功率更高、配合度更好的客户。猎头顾问也会留一手。客观地讲，这种对服务客户的忠诚度降低的情况，往往是难以避免的。

(2)关于猎头公司与候选人。前面说过,工作是候选人与企业之间的一场双向奔赴。一些候选人为了和中意的企业走到一起,为了能够成功被心仪的企业录用,通常会在猎头推荐的各个环节中尽可能地展现自己的硬件和软件。比如,让多家猎头同时、反复地推荐,以增加被面试的机会;再比如,在给猎头提供的信息中存在一些粉饰、欺骗、造假的成分。这些对后期的推荐结果都会造成影响。

(3)关于企业与候选人。从事猎头工作数十年,在与大量企业的沟通接触中,我发现普遍存在一种现象:虽然企业一直在招兵买马,但总觉得无良将可用。

无论是企业的老板还是HR,经常会有这样的抱怨:

企业战略清晰、方向明确,但就是没有得力的干将去推动、执行;

内部无人可用;

外部长时间找不到合适、匹配的人选;

中高端人选不断流失,包括主动离开、被动离开、猎头挖墙脚;

……

可以说,当下不少企业在核心人才储备的问题上可谓是内忧外患。一方面是随时可能失去的风险,另一方面又难以有效补充。

而对于候选人来说,投递了大量的简历,几乎都石沉大海,即便有面试机会,企业要求也极其严格,甚至可以用苛刻来形容。专业不够、经验不多,再加上一些个人情况等潜规则,真正想找到适合自己的机会也是难上加难。

基于企业与候选人之间存在以上客观情况,我们猎头的生意经常会感觉是"虚假的繁荣",成功一个单子,实属不易。

5.8 提高推荐成功率的 6 条精准策略

对于猎头顾问和猎头公司来说,想要提高推荐成功率,我建议从以下六个方面入手,进行重点建设和提升。

1. 优质客户永远是首选项

客户永远是第一位的,选择优质、靠谱的客户对结果的影响至少要占到 50%。

2. 加强公司数据库系统的建设

从平台层面讲,为猎头顾问提供足够的支持,这是一家优秀猎头公司应有的表现。加强公司数据库系统的建设,不断积累并及时更新资源,保证一定数量的优质人才的储备,提高顾问访寻人才的效率,这是一项必须要做,而且要持续去做的长期工程。

3. 减少核心顾问的流失

千军易得,一将难求。一个优秀的核心人才,往往可抵千军万马,这些人也是猎头公司的业绩保障和护城河,所以留住人才对猎头公司来说极为重要。加大对猎头顾问的培训和专业训练,不断培养人才,既能让顾问认可公司的专业度，也能防止人才断层。在此基础上，还要不断完善顾问的晋升体系、分配机制，以及创新的合作模式。这样操作下来，应该可以最大程度上减少核心顾问的流失。

4. 强化深入 Mapping 的核心技能

对于猎头公司来说，强化顾问深入 Mapping 的核心技能，能够有效提高候选人的推荐质量，为企业找到真正合适的人选。在降低猎头公司推荐成本的同时，也能大大提高推荐的效率和精准性。对于猎头顾问来说，也要清楚地认识到，深入 Mapping 的核心技能将是未来在猎头行业生存的必备能力。

5. 流程化管理，降低内耗

猎头公司的管理水平和制度，会极大地影响公司顾问的效率。提升猎头公司系统化、流程化管理，降低内部的过度消耗，让顾问有更多的时间和精力投入优质人才的访寻中，以及候选人面试评估等关键业务环节，这对提高公司的整体推荐成功率有很大帮助。

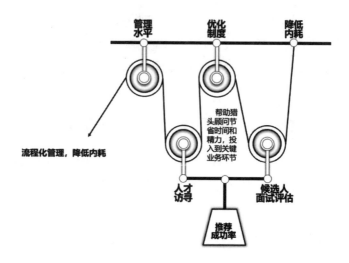

6. 优质猎头顾问的招聘

勤奋、坚韧、抗压能力强、有责任心的顾问,业绩通常都不会差。如果能匹配良好的教育背景和综合能力,相信这些顾问一定会给公司和客户带来惊喜。由此可见,初期基本面的选拔至关重要。对于招聘优质猎头顾问的重视,往往预示着一家猎头公司管理者的决心和野心。

未来,猎头行业的竞争会愈发激烈,能够做好上述六点的猎头公司以及猎头顾问,才能在未来激烈的竞争中脱颖而出。

Chapter 06
第 6 章

候选人重复推荐的破局之术

6.1 面对重复推荐,猎头顾问真的没有机会了吗?

很多顾问经常会遇到这种情况,好不容易找到一个符合客户要求的人选,满怀期待地推荐过去,结果客户却反馈说这个人选已经接触过了。业内将这种常见的现象称为"重复推荐"。

遇到这种情况,是不是意味着一点机会都没有了呢?

以我个人的从业经验来看,遇到重复推荐的情况未必就没有机会。有些时候,重复推荐的候选人会成为"盲点候选人",是有机会转化为顾问业绩的。

在过去的十几年中,我们公司的业务领域主要专注在地产行业,该行业的人才分布及特性,注定了重复推荐的情况会很多,顾问也曾为此苦恼和抱怨。

重复推荐一般包括两种情况,如下图所示。

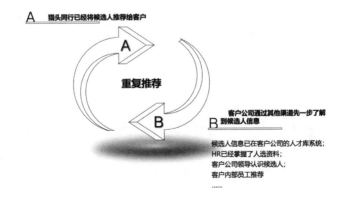

作为猎头顾问,当遇到重复推荐的情况时,首先要搞清楚重复推荐属于哪一种情况,是 A 还是 B,以便于后续更好地推动,并寻找解决方案。

出现重复推荐的情况时,客户反馈的时间节点是不同的,一般分为四个阶段。

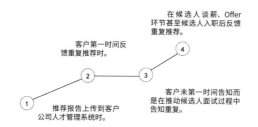

根据反馈阶段的不同,顾问需要结合实际情况采用不同的应对策略。

猎头服务的对象包括客户和候选人,下面我将从这两个角度分别进行讲解。

1. 关于客户反馈问题

在某些情况及特殊原因下,有些人选不会告知猎头自己已经接触过客户,往往是顾问将人选推荐给客户时,客户端才会告知顾问已经接触过该人选了。遇到这种情况,猎头顾问要摆正心态,以专业的工作作风与客户进行进一步的沟通和交流,或许能获得进一步访寻的有用价值。

比如,顾问可以跟客户沟通该候选人是否合适,如果不合适,就在放弃推荐该候选人的同时,了解下客户对候选人的评价,包括胜任力、匹配度、不合适的原因等信息,进一步深入了解该岗位的核心需求。如果客户反馈合适,则通过沟通了解候选人在招聘流程中进展阶段以及候选人的重复来源。

以下两种情况，可以尝试进行业绩转化。

（1）客户人才库里有该人选且候选人尚未面试或处在初试阶段。如果是长期服务且关系不错的客户，这种情况下争取业绩转化不是完全没有可能。

（2）同行推荐且尚未面试。在同行存在不规范的操作行为，且我们已获得候选人的信任和认可的情况下，人选也有可能归属后推荐的猎头。这在实践中也是有成功案例的，所以不要轻易放弃。

2. 关于候选人主体反馈问题

所谓候选人主体反馈，就是当顾问接触候选人时，候选人告知已经有其他猎头同行跟他沟通过该客户的机会，或是他自己和该客户已经有过接触。

遇到这种情况，建议从以下两方面进行尝试。

（1）同候选人继续沟通并分享客户和岗位信息，尽可能获取对方的认可，以谋求合作的可能。比如，客观、细致地帮助候选人分析该客户及职位的情况；了解候选人真实的求职意向、需求点、与客户职位需求点进行深入匹配；让候选人了解我们已与客户合作多年，帮助客户成功推荐过若干职位；非常了解客户，与客户的关系更加密切，可以更快地推进，在后续薪酬谈判中也可以帮助候选人，等等。

简言之，就是让候选人充分看到我们的专业度和价值。

（2）年薪300万元、500万元以上高端岗位，会有特殊的操作方式，未必一定要"等简历"。比如，可以先与候选人电话沟通基本信息、工作经历以及业绩等情况，将这些信息汇总起来发给客户，让客户对候选人有一个前期了解。待候选人发来详细简历后再与客户进一步沟通，变被动为主动。

以上两种情况，适用于同行接触过候选人但尚未推荐给客户的情况。

总之，当遇到重复推荐的情况时，一定不要轻易放弃。首先确定属于哪种重复推荐，再结合各方面的反馈去努力推进，费用往往是可以争取回来的。

关于候选人重复推荐的相关知识，可以参考下面这组思维导图进行了解。

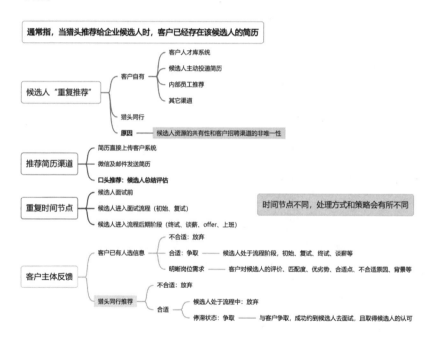

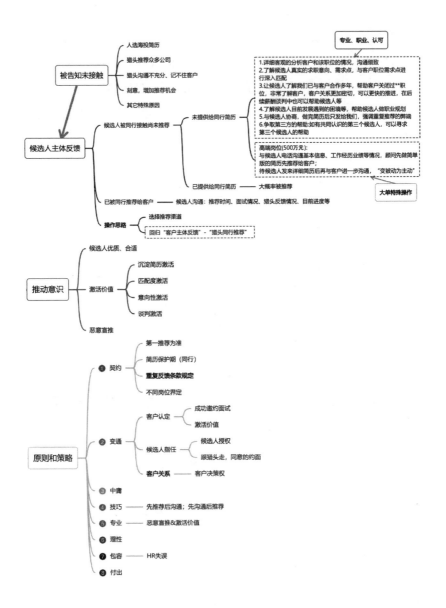

6.2 面对重复推荐，善于变通才有机会

虽然如今的房地产行业已经风光不再，但在过去的20年里，中国房地产行业一路高歌猛进，也由此催生了大批猎头公司。据不完全统计，中国200人以上规模、上千万销售额的猎头公司，专注房地产行业的公司占比达50%以上。

虽然房地产行业让猎头公司赚到了钱，但也让猎头公司颇感费心。地产行业的人才分布及特性，注定了重复推荐的情况会很多。加上中大型客户一般会合作几十家甚至上百家猎头供应商，导致重复推荐的情况非常普遍。

案例

2016年前后，我们服务过中国商业地产行业的一家龙头客户。当时服务该客户的供应商多达上百家，其中千万业绩的猎头供应商就有5家，我们是其中一家。连续5年，我们都获得了该客户的优秀业绩奖和最佳服务奖。

客户有一个北区投资副总裁的岗位，候选人是林先生。

在第一次跟林先生沟通时，他表示一周前已有其他猎头联系，但是自己需要花时间了解一下具体情况，所以暂时没有让猎头推荐。

针对候选人的想法，我们的顾问与候选人就客户以及岗位的情况进行了详细分享，并针对候选人当时的职业状况进行了充分沟通。经过一

个多小时的沟通，候选人认为这是一个不错的机会，希望顾问可以帮忙推荐。然而，客户却反馈说，其他猎头供应商已经将候选人的简历上传到公司系统，我们属于重复推荐。

针对这种情况，我们的顾问并没有放弃，而是将整个访寻的过程客观地跟客户进行了汇报和沟通。需要说明一点，虽然合同明确约定以系统推荐为唯一判定标准，但该客户在实际处理重复推荐的情况时，主要以邀约面试为准，也就是服务费用归属能邀约到候选人面试的供应商。

对于该候选人，客户采取的就是这种方式。而且，该候选人也明确表示，希望我们的顾问能继续服务，推进后续的流程，并写了授权委托书。最后候选人成功入职，我们公司拿到了16万元的服务费。

通过这个案例我们能发现，面对重复推荐，有三个关键点是值得猎头顾问注意的。

第一，效率就是业绩，对于合适的候选人，顾问要第一时间将其推荐给客户。

第二，当客户反馈重复推荐时，顾问不要轻易放弃。

第三，要懂得变通。

其中第三点非常重要。虽然大多数情况下，客户都会严格按照协议执行，但也有例外情况，毕竟客户是以招聘优秀人才为最终目的的。

6.3 专业能力才是重复推荐时拿到订单的关键

猎头行业可以说是经济和行业发展的风向标,哪个行业的发展势头好,中高端人才岗位的需求大,猎头就会第一时间挤入哪个赛道。所以,一家处于热门赛道中的企业,其猎头供应商的数量通常会比较多,少则四五家,多则十几家。

除了来自同行的竞争,近年来企业 HR 也是猎头的强劲竞争对手。不少企业出于成本预算方面的考虑,组建了自己的内部猎头团队,HR 的主要工作变成了猎头招聘,这也加剧了重复推荐情况的发生。毕竟,企业直接下场和候选人谈判,很多方面的灵活性和自主性更强。

正因如此,当很多猎头顾问了解到某个候选人曾被其他猎头推荐过或曾和 HR 接触过后,一般就会直接放弃。这么做很好理解,毕竟继续跟进的话,很可能会做无用功。

遇到这类可能重复推荐的候选人,非常考验猎头顾问的业绩转化水平,不过只要运作得好,还是可以顺利成单的。

案例

客户是新能源行业一家规模上万人的集团公司,为这家公司服务的猎头自然不在少数。当时客户需要找一个副总裁,年薪预算 200 万元。在我们拿到该岗位需求之前,客户已经将这个岗位放给各家猎头公司半年多时间。

我们接受岗位委托后，很快就寻访到了一个候选人。该候选人第一时间告知顾问，半年前已经和其他猎头公司接触过，但简历推荐过去后就没有了下文，猎头顾问表示简历已经被录入到该公司的人才库。

按照客户公司的规则，其他猎头推荐过的人选如果再推荐，就都属于重复推荐，因此其他猎头知道这个信息之后便不再跟进了。

但是因为我们有很多重复推荐的经验，所以得知此消息后并没有立即退出，而是继续进行评估。只要真正合适，我们还是会推荐给客户的。经过与候选人沟通评估后，我们认为该候选人值得推荐。

然而，客户第一时间表示之前接触过该候选人，他的简历被淘汰了。我们的顾问并没有放弃，并在不久之后等来了机会。客户再次催促各家供应商推荐副总裁的岗位候选人，我们也再次把这位候选人推荐给了客户，并给出了候选人为什么适合客户的具体原因，强烈建议客户约候选人线下沟通。

事情从客户和候选人第一次线下面试开始有了转机，候选人顺利通过了接下来的三次面试，最终被录用，成功入职。最后通过和客户协商，这个单子我们和第一家推荐该候选人的猎头公司平分服务费，各自收取了20万元。

猎头顾问绝对不该是"简历搬运工"的角色，而应该是集咨询、评估、推荐于一身的专业人士。

6.4 不同的猎头顾问，不一样的沟通结果

猎头的工作就是"猎"人、"挖"人、摸排候选人，在茫茫人海中帮客户访寻合适的对象。可以说，猎头生意是门概率学，接触的人选越多，成功的概率往往也就越大。

通常情况下，猎头顾问平均每周需要联系 80 个候选人，有效沟通 20 个候选人，筛选出可以推荐给客户的人选在 5 个左右。另外，猎头顾问的推荐成功率大约在 10%。也就是说，想要成交一张单子，需要推荐 10 个候选人，相当于每 2 周才能成交一张单子。

影响推荐成功率的因素很多，包括猎头公司、顾问、候选人、岗位属性等多方面因素。其中候选人是一个非常重要的因素，其考虑机会的意向性在很大程度上决定了猎头的推荐成功率。

在实践过程中，经常会遇到这种情况，同一个候选人，同一个客户，同一个岗位，不同的猎头顾问去沟通，结果完全不一样。因此，遇到重复推荐的情况，我建议猎头顾问不要轻易放弃，其他猎头顾问谈不下来的单子，并不代表你也谈不下来。

案例

客户是国内某知名生命科技公司,委托岗位是研究院院长。

岗位核心需求如下:

- 医疗机器人行业;
- 博士及以上学历;
- 有独立研究新产品项目的经验;
- 有较强的创新产品的研发能力。

我们公司的猎头顾问首先定位在国内医疗机器人产品比较先进、技术比较成熟的公司,通过公司数据库、人选推荐、深入摸排三个渠道进行访寻。最终访寻到一名来自某航天集团下属研究所的人选,专门从事医疗机器人研究,副总工程师级别。

初次沟通时,该候选人果断拒绝了。候选人表示,这个岗位一年前就有猎头找过他,当时也拒绝了。主要有以下三点原因。

(1)候选人当时在体制内,工作稳定,级别较高,他担心客户的稳定性无法得到保障。

(2)对该客户公司不太了解,不想盲目接触。

(3)自己薪酬50万元,如果跳槽,希望年薪在80万元以上,而客户可能给不到这个数字。

由于候选人当时所在公司和我多年前就职过的公司是同属于航天集团的兄弟公司，因此我亲自约见候选人线下沟通，针对他所纠结的问题进行了详细介绍，并给了一些建议，让他了解到了更多之前不知道的信息。与此同时，候选人也向曾经的导师打听了客户公司的情况。

最终，候选人决定考虑机会。3个月后，该候选人成功入职，年薪100万。

通过上述案例我们可以发现，以下几个关键点值得认真思考和总结。

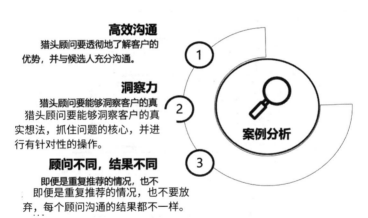

同一个候选人被多家猎头公司、多个猎头顾问接触、沟通的现象比比皆是。从另外一个角度看，既然候选人被很多猎头"盯"上了，说明他是优质候选人，大概率与岗位匹配。面对这类优质候选人，猎头顾问更不能轻易放弃。

6.5 关于"沉默候选人"的推荐价值

猎头同行已经将候选人推荐给客户,以及客户公司通过其他渠道先一步有了候选人信息,这两种情况都属于候选人重复推荐。在实践过程中,经常会遇到下图所示的一些业务场景。

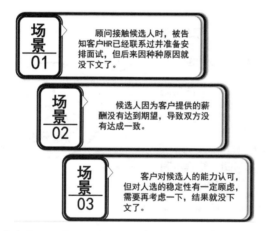

类似的业务场景还有不少,总之就是人选和客户的岗位是相匹配的,但双方因种种原因,意见没有达成一致,导致后续不了了之。这类人选通常被称为"沉默候选人",猎头顾问再推荐时都属于重复推荐,但我认为依然有推荐的必要和价值。

客户公司总部在河北,是一家高新技术企业,员工总数达上万人。

客户委托我们访寻的岗位是数字化中心运营总监。经过一番摸排，我们的顾问接触了北京的候选人徐女士，她在一家央企控股的数字化运营公司就职。

经过顾问的深入评估，认为该人选非常匹配客户的岗位，而且人选对客户的意向性也比较强。但问题来了，据候选人徐女士反馈，大约半年前，已经有其他猎头同行把她推荐给了客户，也是目前的岗位。当时面试都通过了，但卡在了薪酬这块，最后就没有下文了。

通过进一步沟通得知，候选人当时的年薪是80万元，半年前面试时提出的期望年薪100万元。当时的猎头反馈说客户给不到100万元的薪酬，所以没能达成合作。

对于徐女士反馈的信息，我持怀疑态度。据我了解，客户对于该岗位的薪酬范围在100万～150万元，而且候选人确实非常优秀，期望薪酬涨幅也比较合理，所以可能并不是卡在薪酬这方面。

因为该候选人已经过了推荐保护期范围，针对该人选情况，我们直接与客户进行了沟通。果不其然，真正的原因是客户认为候选人所在公司是他们的排他公司，公司有规定，不能录用。

之后，我们的顾问向客户做出了解释，表明该候选人所在公司并不是上游的排他公司，而是下属单独的数字化公司。最终，徐女士成功拿到了Offer，年薪100万元，我们的服务费是20万元。

在这个案例中，候选人徐女士就属于典型的沉默型候选人，在客户那里"沉默"了6个月之久。很多候选人在企业的资料库里都属于沉默状态，原因有很多，比如，沟通方面信息不对称等，这就需要猎头顾问重新激活沉默候选人。

第 7 章

猎头顾问薪酬谈判实战教学

7.1 候选人拒绝看机会的深层原因解析

虽然这一章是讲薪酬谈判的,但如果候选人拒绝看机会,就没有接下来的薪酬谈判了,所以前两节主要讲一下候选人拒绝看机会的原因以及应对之道。

候选人难寻的原因主要有三点。

(1)优秀候选人对工作机会十分挑剔。猎头服务的对象并不是普通的求职者,而是中高端人才,这类人群有两点共性。

(2)候选人的数量少。中高端人才都在各家公司占据着核心岗位,这类候选人的数量在市场上本来就少,又拿着高薪,深受老板赏识,考虑跳槽的人本来就不多,属于稀缺资源。

（3）出于保密考虑。中高端人才在看机会时通常会格外谨慎，因为他们对公司来说很重要，万一被发现有离职的意向，公司会立刻安排其他人顶上，可能会导致候选人"赔了夫人又折兵"的结果。这样一来，职业生涯出现空档期的风险就会大增。因此，候选人的口风通常很紧，不会轻易告诉猎头顾问自己有看机会的意向，尤其对之前没有打过交道的顾问，更是守口如瓶。所以当猎头顾问抛来工作机会时，候选人往往是拒绝的。然而，顾问一定要有清楚的认知。很多时候，并不是对方不看机会，而是暂时还不方便透露。

猎头圈流行一句话：接到猎头电话，上来就答应考虑机会的候选人，很有可能并不合适。

所以，作为顾问，当你被候选人无情拒绝时千万不要气馁，更不要放弃对候选人的追踪，而是要耐心等待峰回路转、柳暗花明的时候。

针对候选人拒绝机会的原因，我从三个维度进行了整理，设计了一组思维导图，分析了详细的原因。

候选人拒绝机会的三个维度原因

维度1：客户&岗位因素
- ① 候选人接触过或正在接触中
- ② 对客户缺少客观、详细、全面的了解，存在认知上的偏差
- ③ 对岗位不了解或信息有偏差
- ④ 对提供的客户/职位不感兴趣
- ⑤ 推荐岗位不匹配，如产品、工作内容、级别等
- ⑥ 其他相关（如亲属在同一公司、在公司任职过等）

第 7 章 猎头顾问薪酬谈判实战教学

1. 客户 & 岗位因素

主要是针对猎头顾问提供的机会,往往存在以下 6 种情况:

(1) 候选人接触过或正在接触中;

(2）对客户缺少客观、详细、全面的了解，存在认知上的偏差；

(3）对岗位不了解或信息有偏差；

(4）对提供的客户/职位不感兴趣；

(5）推荐岗位不匹配，如产品、工作内容、级别等方面不匹配；

(6）其他相关（如亲属或家人在同一公司等）。

2. 候选人相关的 20 种可能

虽然每个候选人的情况不同，但根据这些年的实践总结，我发现与候选人自身相关的因素，至少有以下这 20 种可能。

(1）在现公司时间比较久，达 5 年、8 年，甚至 10 年以上；

(2）老板的亲戚、亲信；

(3）公司的忠实追随者、高度认同公司的企业文化；

(4）领导或上级带过来的；

(5）在公司有股份；

(6）刚升职加薪、刚接到 Offer、刚换工作；

(7）项目未结束、自己刚组建团队；

(8）个人在公司处于发展上升期；

(9）合同没到期；

(10）性格保守，追求安逸，害怕跳出舒适圈，不敢跳槽；

(11）高端人选，年薪 300 万～500 万元，大多数会对猎头说不考虑机会；

(12）不方便（在开会、在上班、旁边有领导等）；

(13）通过人脉看机会，不通过猎头；

(14）观望状态，不着急看机会；

（15）有竞业禁止协议，不看特定公司的机会；

（16）当前公司离家很近；

（17）等年终奖金分红；

（18）对外面的市场机会不了解，比较谨慎；

（19）怀孕的、刚生完小孩、老婆准备生孩子、要带孩子的、家庭有变故；

（20）年龄比较大、即将或已经退休。

3. 顾问因素

除了候选人自身的原因，猎头顾问的表现也将直接影响候选人对工作机会的态度。候选人表示不看机会，如果从顾问的身上找原因，通常有以下几个常见的因素，需要我们注意。

（1）初次沟通，跟顾问没有建立信任关系；

（2）觉得当前猎头与别的猎头顾问一样，没有体现突出优势、专业度及职业度；

（3）顾问对客户及岗位介绍得不清楚，缺乏顾问式的高度概括和总结，甚至沟通啰唆，半天说不到点子上；

（4）顾问对候选人不了解，导致候选人不愿意继续沟通下去，比如，顾问询问候选人，目前在哪家公司，做什么岗位；

（5）经常接猎头电话，对猎头反感；

（6）有专门合作的、信任的猎头。

7.2 候选人拒绝看机会的应对之道

当候选人表示不考虑看机会时,猎头顾问应该如何应对呢?这时需要猎头顾问从实际场景切入,进行代入式思考。

场景一:猎头刚自报家门,候选人立刻回答不考虑机会

对于这种场景,相信顾问小伙伴一定都比较熟悉。遇到这种情况,接下来需要做三件事。

1)反思开场白的专业度

上来就被拒绝,猎头顾问可能需要反思一下,是不是开场白出了问题。比如,介绍是否过于烦琐,是否直接说出了候选人已经接触过的公司,等等。

那么,良好的开场白需要猎头顾问呈现出怎样的状态呢?

首先,顾问需要让自己更加自信,不要表现出紧张情绪;其次,要让候选人感觉自己的专业度;最后,沟通的条理性要强。

那么,如何做到自信、专业、有条理呢?

(1)要想好该怎么介绍自己和公司。猎头应该准备一份简洁明了的自我介绍,介绍自己的背景和经验,并简要介绍猎头公司的背景及专注业务。

(2)开场白的内容很重要,既要做到言简意赅,还要能抓住候选人的注意力。

- 让候选人了解你是谁、你是什么类型的猎头；
- 你所在的公司大概是什么背景，公司专注、职能专注是什么；
- 你要给候选人介绍什么样的机会；
- 你对机会的看法和意向是什么，你在为候选人关注什么样的机会。

参考话术如下。

您好，请问是王先生吗？我是专注在自动驾驶领域、研发技术类岗位的猎头顾问×××。这里有一些中高端的岗位机会想跟您介绍/分享/沟通/交流一下，如A公司/产品、B公司/产品、C公司/产品，算法、射频、硬件等方向的。

开场白中应避免的话术有以下3条。

① "您考虑吗？"

在不清楚候选人情况的前提下，为了降低对方拒绝的概率，我的建议是，不要一上来就问对方是否考虑机会。

因为猎头与候选人的初次接触主要是建立关系，了解候选人的情况，包括背景、技能和职业目标等，先确定是否有适合的机会，以及候选人对机会的意向、个人想法和期望，而不是直接进行推荐邀约。

② 只介绍一个公司和一个岗位。

这样也容易让候选人拒绝，不想继续沟通。因为有猎头已经推荐这个公司，HR已经跟候选人联系过，候选人已经面试并被客户淘汰等，会导致候选人对这个公司本身就存在偏见。所以，一般情况下，顾问要介绍2~3个公司，可以不说公司名字，只介绍公司产品。

关于岗位，如果候选人想转行，不想继续做原来的岗位了，或者觉得邀约岗位条件过高或过低，抑或候选人已经转型到别的岗位上了，这些情况都可能会让候选人感觉不匹配，所以不想再沟通。对此，一般建议采用扩大机会范围的策略，从公司和岗位职能两个维度进行延展，留有跟候选人进一步沟通的机会和空间。

③"我是猎头。"

这样的开场白很容易给候选人一种愣头青的感觉，留下不严谨、不认真的印象。

猎头话术是非常重要的，我的第一本书《猎头高情商沟通实务》就是专门讲话术的，有兴趣的读者可以读一读。

2）不要放弃，要争取机会

优秀的顾问都有"厚脸皮"的特质，一次沟通不行，那就两次。可以再次通过微信、短信、电话等沟通方式，继续保持沟通，创造机会。

3）了解候选人不考虑机会的真正原因

值得一提的是，沟通并不是打扰，而是为了解决问题。当被候选人拒绝后，一定要了解对方不考虑机会的真正原因，挖掘出候选人真正的诉求，这才是解决问题的第一步。

场景二：候选人考虑机会，但猎头顾问介绍完客户和岗位情况后，候选人表示不考虑了

这种场景也很常见，应对思路如下。

了解候选人是否接触过这个机会，然后根据对方的真实情况再做出相应的动作。如果候选人接触过该机会，就进一步了解接触时间、沟通情况、最后的结果；如果没有接触过，就了解候选人具体不考虑这个机会的真实原因，挖掘候选人对未来平台的期望，同时给候选人提供职业规划建议。

张洋本硕毕业于清华大学自动化专业，是我的好朋友，5年前也是我的候选人之一。我很清楚地记得第一次电话沟通时的场景。当时我给他介绍的是医疗器械产品CT的高级硬件专家的岗位。当我跟他详细介绍完客户的公司和岗位后，他很友好地跟我说，这个公司的机会就不考虑了。当时我很纳闷，明明他是有意向看机会的，而且也很耐心地跟我沟通了该机会的一些详细情况。

虽然他拒绝了我，但是我刨根问底，希望他能告诉我不考虑的真实原因。原来，两个月前候选人接触了该公司，由于薪酬没有达成一致，他拒绝了该公司的录用邀请。他认为已经拒绝了该公司，对方就不会再录用他了。

事实并非这样，经过我的再次运作，他得到了满意的薪酬待遇，并成功入职了该公司。现在已经是该公司硬件部门的负责人，我们也一直保持着联系。

由此可见，当候选人表示不考虑机会时，继续深入了解其拒绝的真实原因，也是会有转机的。

场景三：坚决表示不看机会

对于坚决表示不考虑机会的人选，应对的思路是，做好长期跟进工作，放长线钓大鱼。

顾问需要经常与候选人分享行业及市场信息，包括优质的公司和机会，让其认可自己作为猎头顾问的专业性、职业度以及手上的资源和机会，彼此之间建立良好的互动，以增强黏性，然后静观其变。

真正的生意，从来都不是一锤子买卖，而是立足当下，放眼未来。今天合作了，要想着以后多合作；今天没有合作，要想着下次再合作，这才是一名优秀猎头顾问应该有的思维。

张总是某地产公司华北事业部的总经理,在2019年,我第一次跟他接触时,他很坚决地告诉我,近两年内不会考虑任何机会,因为他刚刚进入这家公司。我表示理解,并约了张总喝咖啡,向他请教了一些地产方面的行业知识,同时也把我当时的一些客户的发展情况与其进行了分享。

大约1年后的某一天,张总突然跟我说,他想看机会了。因为公司融资出现了问题,资金紧张,导致项目搁置、无法推进,公司员工工资都不能按时发。

因为我对张总比较了解,所以马上匹配了手头上一家民营地产公司集团营销副总的机会,这笔生意非常顺利地达成了。

高端优质的候选人,绝对是稀缺人才。对于猎头来说,不要急功近利,要长期经营和维护,这样才会有开花结果的机会。

7.3 猎头顾问可以影响候选人的 Offer 谈判

候选人 Offer 谈判是猎头服务流程中非常重要的一个环节,对猎头顾问的技能和专业度要求比较高。我曾粗略统计过,候选人进入 Offer 谈判环节,失败的概率在 40% 以上。在未来的猎头市场,Offer 谈判失败的概率可能会更高,原因包括市场大环境、客户情况、候选人情况以及猎头的 Offer 谈判能力等多方面原因。

在实践中,猎头进行 Offer 谈判时经常会遇到以下问题:

(1)客户要求直接跟候选人进行 Offer 谈判,不需要猎头介入,猎头有种被抛弃的感觉;

(2)候选人期望薪酬远远超出了客户的薪酬范围;

(3)客户薪酬预算明明可以达到候选人的 Offer 期望,却故意压低候选人的薪酬;

(4)候选人同时拿到几个 Offer;

(5)候选人接了 Offer 又不去;

(6)客户期望候选人接受降薪、降级,但他们给有 5 年工作经验的人选提供的薪酬,比给有 10 年工作经验的人选提供薪酬还要高;

(7)候选人面试通过,薪酬未达到预期,HR 宁愿花时间重新找人也不愿上调薪酬;

(8)猎头顾问不知该如何有效把握候选人及客户双方的薪酬底线。

上述问题都是猎头顾问在 Offer 谈判环节中经常遇到的问题,下面分享一个 Offer 谈判的案例。

这是 2020 年的一笔单子,客户是国内某知名消费品公司,招聘的是产业事业部总经理的职位。当时对我来说,这是一个全新的行业,完全陌生。

锁定目标公司后,经过一番摸排,最终推荐了 5 个人选,其中候选人郭先生进入了复试,等待总裁终面。

候选人郭先生的基本情况:51 岁,国内前五强房地产公司华北区域总经理,年薪 180 万元,已离职半年,其貌不扬。

这期间我与候选人进行了线上沟通,根据当时市场经济形势、候选人的实际情况、客户薪酬的水平,建议候选人将期望薪酬调整为 120 万元,并第一时间以报告的形式反馈给了客户。结果,客户没有进行终试,直接给了 Offer,人选顺利上班了。

我之所以让人选将薪酬降到 120 万元,有两个比较客观的原因。一是,年薪 150 万元以下的候选人,总裁可以不见面;二是,该公司对高管岗位的形象要求较高,见面并不能给候选人加分,甚至可能会减分。

最终的事实证明,这次的 Offer 谈判策略是成功的。如果候选人不愿降低期望薪酬,执意走到总裁终面那一步,到时结局如何就不好说了,有可能会事与愿违。

不过,整个 Offer 谈判的过程并不容易,毕竟对候选人来说,这份工作并不是非常理想。首先是收入方面,候选人从北京到异地工作,薪酬不但没增加,反而降低了 60 万元。其次是行业的转变,从房地产行业转型到传统的消费品行业,这是需要时间适应的,但这一点恰恰成为谈判的突破口,房地产行业持续不景气,我建议候选人更换赛道了。

这次 Offer 谈判最终能够成功，还得益于抓住了影响候选人的其他因素，如个人年龄、离职状态、客户品牌、发展机会、稳定性、岗位发展空间等。

通过这个案例可以看出，Offer 谈判是有章法可循的，而且猎头顾问在谈判过程中扮演着非常重要的角色，对最终的成败有着很大的影响。

7.4 谈判胜负手：猎头在 Offer 谈判中的关键作用

有很多人会好奇，Offer 谈判为什么不是企业和候选人直接谈判，而是让猎头谈判？企业方与候选人直接谈判不是更好吗？

理论上是这样，但事实证明，通过猎头跟候选人进行 Offer 谈判的效果更好，成功率更高。只有一些个别情况，才适合企业与候选人直接对话。

为什么通过猎头进行 Offer 谈判的成功率更高呢？猎头出面谈判主要有如图所示四点优势。

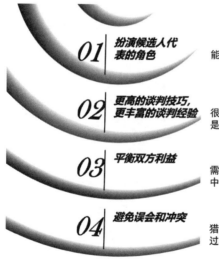

01 扮演候选人代表的角色　　猎头更了解市场以及客户的情况，能够为候选人争取最大利益。

02 更高的谈判技巧，更丰富的谈判经验　　有经验的猎头都是谈判高手，能够很好地应对谈判过程中的各种情况，这是大多数候选人并不具备的。

03 平衡双方利益　　由于猎头了解客户和候选人双方的需求和期望，因此可以帮助双方再谈判中达成一致，实现双赢的结果。

04 避免误会和冲突　　现实中，谈钱不伤感情是很难的。猎头的作用之一就是避免双方在谈钱的过程中出现误会或冲突，防止谈崩。

第7章 猎头顾问薪酬谈判实战教学

案例

客户是国内20强上市酒业公司，委托访寻的是渠道总监岗位，对人选的综合要求比较高，包括经验、资源、综合素质、教育背景等。而且，这个岗位在我们接到委托的时候，客户已经通过各种渠道找了三个多月了。

经过两周的访寻，我们推荐了一个符合客户要求的目标公司的人选，各方面都比较匹配岗位要求。经过三轮面试之后进入了Offer谈判阶段。

候选人当时的税前月薪是4万元，年薪税前在60万元左右，期望薪酬是税前月薪4.2万～4.5万元，属于比较合理的范畴。而客户对该岗位的薪酬定位在4.5万～5万元之间。原以为这一单肯定没问题，结果却失败了。

问题就出在Offer谈判阶段，招聘总监要求自己跟候选人谈Offer，不需要猎头介入。结果没过几天，这位招聘总监就通知我们的顾问，说公司决定不录用该人选了，原因是人选过于看重薪酬，与公司的企业文化不匹配。而候选人的反馈则是，公司的HR不尊重人才。

对于双方的说法，我们的顾问感到很诧异，与之前和双方的接触完全不一样。最后，我们得出的结论是，很可能是因为双方在沟通过程中对某句话或者某个信息点存在理解偏差，从而导致误会的产生，出现了不愉快的情况。

类似的情况并不少见，如果由猎头作为中间人进行沟通和协调，在很大程度上就可以避免误会的发生。

猎头想要在Offer谈判中扮演好中间人的角色，一定要遵循如图所示的六大黄金原则。

盈利之道

原则1　客观中立
猎头顾问要为双方争取最优利益，确保企业和候选人都满意。

原则2　保持理性
猎头顾问在谈判中要避免情绪化，要扮演好居中协调的角色。

原则3　目标一致
猎头顾问要时刻记住，自己与企业、候选人的目标是一致的，只有让双方满意，自己才能得到满意的结果。

原则4　长期合作
猎头顾问要与企业和候选人保持长期合作关系，不要在意一时得失，而是要得到双方的信任。

原则5　高度专业
优秀的业务能力是猎头顾问进行Offer谈判的基本素质。

原则6　咨询建议
猎头顾问要为双方提供有建设性的建议，目的是解决问题，而不只是传递信息。

7.5 影响客户 Offer 决策的 12 个因素

对于 Offer 谈判中的一些场景，如客户压低薪酬，期望候选人降薪降级等，很多猎头顾问都无法理解，甚至会给客户打上"不优质""不靠谱"的标签。

以我的经验来看，虽然这些情况确实属于非常规的做法，但作为猎头一定要学会换位思考，要学会站在客户的角度去思考和看待问题。很多时候，位置变了，视角不同，看到的就会不一样。这时就会明白，客户之所以这样做，同样是从公司发展、人才战略等多个层面综合考虑的结果。

为此，作为猎头顾问，一定要清楚哪些因素会影响到 Offer 的结果。我认为下图中的 12 个因素非常重要。

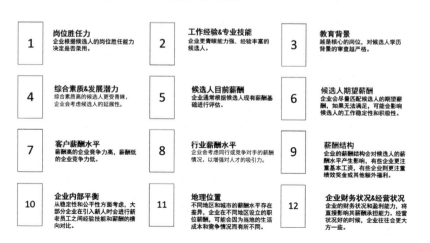

在做 Offer 决策时，不同的公司会因企业的发展战略、经营目标、业务模式、人才战略、发展阶段、规模、品牌等不同而做出不一样的选择，但考虑的维度一般就是以上 12 点内容。

如果进一步提炼，可以总结为四个关键因素，分别是薪酬情况、岗位胜任力、工作经验和专业技能、综合素质和发展潜力，这也是过往操作的案例中涉及得较多的因素。下面分享一个案例。

客户是上海的一家大型民营制造企业，我们公司与该客户已经合作了 8 年之久。虽然是民营企业，但客户更倾向于知名外资制造企业的人才，尤其是研发、技术、运营和生产等职能岗位上的人才，并且通过我们引进了很多外资公司的中高端人才。

我统计了两组数据：

2019 年，成功推荐 10 个候选人，候选人薪酬平均涨幅在 25% 左右；

2023 年，成功推荐 5 个候选人，候选人薪酬平均涨幅在 5% 左右。

虽然推荐数量和薪酬涨幅都降了下来，但客户从来不提降薪的要求。后来经过沟通，我们了解到了客户在 Offer 录用上出现较大变化的原因。由于受新冠肺炎疫情及整体市场环境的影响，公司进行了业务调整，从传统的产品销售渠道，转为发展线上电商和自媒体渠道。为了保持现有员工的稳定性，集团进行了薪酬政策调整：公司整体薪酬水平不变，外部招聘来的新人薪酬涨幅不能超过 15%。

该客户在做 Offer 决策时，主要考虑了候选人当前薪酬（不低于）、公司薪酬政策，以及公司经营情况，在上述提到的 12 个影响因素中占据了 3 个。

虽然新加入的人选几乎没有涨幅，属于平级进入，但谈薪过程还是比较顺利的。当我们把这些情况跟候选人进行了充分沟通后，候选人表示理解。

7.6 影响候选人 Offer 决策的 12 个因素

Offer 能否达成,不是企业单方面说了算,也需要看候选人的意愿。根据我的经验,候选人拒绝 Offer 的比率一般在 40% 左右。

因此,猎头顾问同样需要清楚候选人在做 Offer 决策时会考虑哪些因素。我将这些因素总结为两个维度:公司平台及岗位层面、个人职业状态及规划。

1. 公司及岗位层面的影响因素

公司及岗位层面一共有 5 个因素。

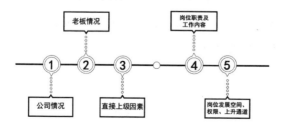

（1）公司情况。中高端人才的目光往往更为长远，他们深知个人事业的长远发展和企业的实力是密不可分的，所以会更关心公司的具体情况，诸如企业的成立时间、人员规模、目前的发展阶段、创始人和中高管团队背景、公司的销售额和业绩增长情况、未来战略发展规划、核心业务板块的业务结构、公司组织架构、人才的稳定性、企业文化及核心价值观等。

（2）老板情况。老板的背景、长远目标、管理风格与方式等都是候选人所关注的，他们会考虑自己能否适应，能否晋升到更高的位置。

（3）直接上级因素。直接领导的风格和管理方式、业务能力、技术能力，这些都是短期内会给候选人造成影响的因素。

（4）岗位职责及工作内容。中高端人才通常比较在意工作的意义和价值，不仅希望从事感兴趣的、擅长的工作，同时也需要体现出自身价值，享受工作带来的成就感。为此，部门及岗位情况也成为候选人最为关注的因素之一，包括岗位所属部门、部门人员分工、岗位核心职责和要解决的问题、职位部门架构、汇报关系及相关的平行部门等。候选人会评估该职位的工作内容和挑战程度是否符合他们的兴趣和能力，是否能够发挥自己的优势。从以往案例分析，岗位匹配度越高，候选人的稳定性相对就越高。

（5）岗位发展空间、权限、上升通道。候选人通常会考虑该职位对其职业发展的影响，他们可能会评估该职位是否提供了更好的晋升机会、培训和发展计划等。如果候选人认为该职位能够帮助他们实现职业目标，就更有可能接受 Offer。

2. 个人职业状态及规划层面的影响因素

个人职业状态及规划层面，一共有 7 个因素。

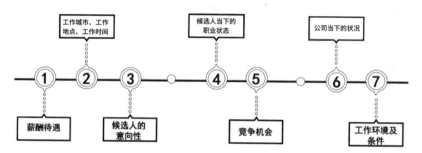

（1）薪酬待遇。薪资水平和福利待遇是候选人最关注的因素之一，优厚的条件更容易吸引候选人。

（2）工作城市、工作地点、工作时间。工作城市是否满意，通勤时间是否合理，工作时长是否能接受……这些因素都会影响候选人的 Offer 决策。

（3）候选人的意向性。如果候选人对该客户和岗位的意向性比较强，那么 Offer 谈判通常会相对容易，否则就会相对困难。顾问需要了解候选人当下拥有的机会情况，还需要了解候选人对机会的态度。

（4）候选人当下的职业状态、在职或离职。一般情况下，已经离职的候选人更着急找机会，各方面的期望可能会相对较低，而"骑驴找马"型的候选人，平衡的因素会更多。

（5）竞争机会。中高端人才一旦有寻找机会的想法，通常会通过多种渠道，同时接触多个机会，从而做出最优选择。候选人接触的外部机会越多，选择就越多，接受 Offer 的概率相对就越低。

(6) 公司当下的状况。如果候选人在原公司很难待下去了，就会更急切地寻找新的机会。中高端人才想看外部机会，通常是因为职业发展遇到了问题或瓶颈，如公司发展状况、业务及产品调整、晋升受阻等。所以，搞清楚候选人考虑外部机会的真实原因是比较重要的，了解对方更换工作的真正需求和意图，往往更有机会赢得先机。

(7) 工作环境与条件。这里提到的工作环境与条件包括离家的距离、年假、团建、午餐以及人文关怀等各个方面。当薪资待遇无法吸引候选人时，其他方面的条件就可以起到弥补作用。

案例

客户是一家 AI 医疗器械公司，成立于 1993 年，原是传统的医疗器械公司，后转型升级为 AI 医疗产品的研发。2023 年 10 月，客户委托我们为其访寻一位人力资源总监。

顾问沟通评估时，了解到候选人当前年薪是 60 万元，期望 20% 左右的涨幅。面试通过后，企业经过综合评估，最终给出了年薪 55 万元的 Offer。

得到客户的反馈后，顾问当时觉得这单没戏了，与候选人 70 万元的期望薪酬足足差了 15 万元，而且竟然比候选人当时的年薪还低了 5 万元。结果却出乎意料，候选人竟然爽快地接受了。接受的原因竟然是离家近，步行 15 分钟就能到公司，孩子又在附近上学，方便照顾。另外一个重要的原因则是，候选人已经离职半年了，非常着急找工作。

也就是说，工作地点和候选人当下的职业状态，这两个因素直接决定了候选人降薪接受了客户的 Offer。

作为猎头顾问，不要进行主观判断，而是要遵循 Offer 谈判的理性原则。遇到所谓的不合理情况，要耐心地进行分析、沟通和协调，不能搅局添乱。人的想法是会变化的，尤其是候选人作为个体，任何一个因素都有可能影响 Offer 谈判的结果。

7.7 Offer 谈判五步法

Offer 谈判的本质是解决候选人和客户的分歧点。从大量案例分析来看，关键的分歧点往往出在薪资待遇方面。也就是说，只要钱给到位，其他问题都会迎刃而解。

下图所示的这个薪酬谈判模型，就是以薪酬待遇为核心谈判内容设计的，进入薪酬谈判阶段后，猎头顾问只需要按照以下 5 步操作即可。

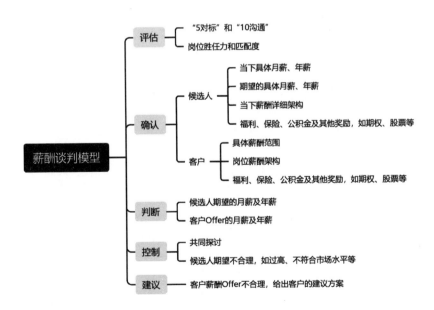

第一步：评估。

评估是候选人通过面试后，客户对候选人进行的结果评估，主要是关于候选人的岗位胜任力和匹配度的评估结果。相对而言，候选人的岗位胜任力越高，客户愿意提供的薪酬更高。

所以，猎头在 Offer 的沟通谈判过程中，必须清楚客户的评估结果。这是非常重要的一步，也是谈判的前提。否则，如果客户对候选人不那么认可，你却一味地建议客户给更高的薪酬，那么谈判的方向和侧重点就偏了。

第二步：确认（薪酬，包括候选人端和客户端）。

（1）候选人端。猎头应该与候选人进行充分的沟通，尽可能了解清楚候选人当下的月薪、年薪，期望的月薪、年薪，当下的薪酬架构，以及福利、保险、公积金及其他奖励，如期权、股票等。

实际上，这部分内容在候选人"5 对标"和"10 沟通"的面试环节就应该了解，而不是等到谈 Offer 的时候再去了解，否则，会很被动。

（2）客户端。猎头顾问要了解清楚客户的薪酬范围、薪酬架构、福利、保险、公积金及其他奖励，如期权、股票等。

第三步：判断。

判断候选人能接受的月薪和年薪，以及客户实际能提供的月薪和年薪，然后进行综合判断。这个判断的依据就是影响客户 Offer 决策和候选人 Offer 决策的因素。

第四步：控制。

如果候选人期望不合理，如期望过高，猎头顾问就要基于市场薪酬水平及客户的实际情况，与候选人进行沟通和探讨，提供一个合理的薪酬建议，促使候选人做出适当妥协。

需要注意的是,所谓控制,不是一味地说服,而是通过与候选人沟通探讨的方式,晓之以理,动之以情。

第五步:建议。

如果客户提供的薪酬不合理,猎头顾问也需要基于市场薪酬情况以及候选人实际情况,为客户提供有建设性的建议或方案,促使客户做出一定的让步。

通过评估、确认、判断、控制、建议等关键动作,最终促使双方达成一致,实现猎头、客户和候选人的三赢局面。

需要说明的是,以上5个步骤及操作有些可能是在候选人通过面试前就应该完成的,如了解候选人薪酬情况,在面试前完成,效果会更好。但是无论你之前是否做了这些工作,候选人通过客户的面试后,是一定要按照这5个步骤去进行薪酬谈判的。

在实际的薪酬谈判中,情况可能会有所不同,猎头应根据具体的情况灵活调整,避免生搬硬套。

7.8 当候选人期望薪酬高于客户 Offer 薪酬时怎么谈？

候选人的期望薪酬超出客户 Offer 的薪酬范围，这是 Offer 谈判中最常出现的情况之一。然而很多顾问都没有清晰的解决思路以及有效的应对方案。要么盲目压低候选人的期望薪酬，要么建议客户提高 Offer 薪酬，甚至仅仅在客户和候选人之间起到信息传递的作用，大多数时候根本解决不了问题。

针对 Offer 谈判的业务场景，我总结了一个谈判模型，如下图所示。

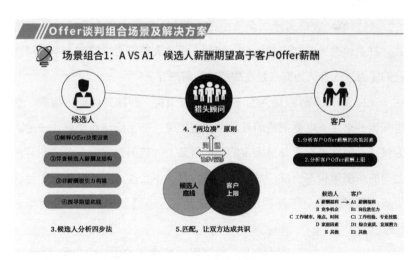

第一步：分析客户 Offer 薪酬的决策因素。

通常情况下，客户都是求才若渴的，比猎头更希望候选人能加入公司。毕竟对客户来讲，找到一个合适的人才非常不容易，否则也不会不惜成本地启用猎头渠道找人了。所以，猎头顾问需要理性思考：客户为什么给出这个薪酬数字，而且低于候选人的期望。这时就需要利用前文讲到的影响客户 Offer 决策的 12 个因素进行分析。

建议使用排除法，先从 4 个关键因素入手，如果不是这 4 个因素的问题，再对其他 8 个因素逐一排除。

第二步：分析客户 Offer 的薪酬上限。

基于第一步的分析，结合客户考虑的几个因素，通过与客户的沟通与以往经验，判断客户能给出的薪酬上限。

请记住，既然是谈判，无论是客户还是候选人，往往都不会直接亮出底牌。

第三步：回到候选人端，进行四步法操作，分别是解释、了解、吸引、分析。

（1）解释客户为什么会给出这个薪酬，顾问要采取先入为主的方式，打消候选人对客户的误会。例如，候选人可能会觉得客户不认可自己的能力，或者认为客户是在故意压低薪酬等。

（2）详细了解候选人当下的薪酬及架构，要做到详细、准确。这里强调一点，一定要把税前月薪单独提出来，而不能只看年薪。一是因为候选人通常更看重每月固定的税前月薪，二是因为候选人公司和客户公司的薪酬架构不一样，对标年薪不科学、不合理，尤其是年薪中包含提成、绩效、奖金等浮动部分。也就是说，不同公司的年薪没有可对比性。

（3）进一步吸引候选人，结合影响候选人 Offer 决定的 12 个因素，根据客户的实际情况与候选人进行客观的复盘分析，这是除薪资以外的有效补充。

（4）跟候选人共同探讨和分析，判断候选人期望薪酬的底线。切记，候选人的薪酬底线是分析和探讨沟通出来的，不是猎头仅仅从候选人那里问出来的。

第四步：遵循"两边凑"原则，做好进一步协调。

清楚了候选人可以接受的薪酬底线和客户能给到的薪酬上限后，接下来就是进行薪酬沟通协调。一般情况下，双方可能会在薪资方面进行幅度不一的让步和妥协。

关于这点，猎头通常要遵循"两边凑"的原则，也就是降低候选人的期望和提高客户的薪酬。如果一方动不了，比如，客户只能给到55万元年薪，这时就需要重点做候选人端的工作。或者是候选人期望年薪就是58万元，那就重点做客户端的工作。

第五步：匹配，努力让双方达成共识。

找到双方都能接受的中间值，最终达成 Offer。

案例

候选人年薪是46万元，期望年薪为54万元，最终 Offer 年薪是48万元。在候选人面试通过之后，猎头搜集了候选人的薪酬流水，并提交给了客户。

该候选人的薪酬流水如下图所示。

项目	金额（元）	备注
月度工资	20000	税前，发放12个月
年终奖	170033.95	2023年1月份发111943.45元，2月份发58090.5元
新品上市奖金	38400	新品上市就有奖金，包含新品上市销量贡献奖、新品按时上市奖，平均每月3200元
现金奖金	3000	年底董事长个人奖金3000元，现金红包
薪酬合计	**451433.95**	
餐补贴	8880	在京20元/天；出差40元/天；每月平均1周出差；月度合计：740元，按照12个月合计8880元
交通补贴	2940	出差35元/天，按照7天合计，每月245元，12个月合计2940元
其他津贴	1440	话费补助：每月120元，合计12个月1440元
福利合计	13260	
税前总计	**464693.95**	
税后总计	388821.45	包含月度工资+年度奖金+新品奖金+话费及餐补及差补，税后部分。月度社保缴纳基数为31625元，每月扣税较多
期望薪资	**540,000**	

该案例 Offer 谈判流程分析如下。

第一步：分析客户 Offer 薪酬的决策因素。

与客户进行沟通，该客户明确回复薪酬给不到候选人期望的 54 万元，最多给到基础保证年薪 46 万元，与人选当下的总年薪基本持平。

客户之所以态度如此坚决，并不是不认可候选人，恰恰相反，客户业务领导对该候选人的能力十分认可，觉得各方面都比较匹配，并希望人选能尽快上班。之所以无法匹配候选人年薪，主要有 3 点原因。

（1）出于公司内部员工薪资平衡的考虑。有些老员工在公司工作 10 年了，薪水都没有超过 50 万元。

（2）出于公司的薪酬政策考虑。对于外部招聘人选，在保持不低于候选人当下薪酬的原则下，尽量控制涨幅。

（3）出于公司的薪酬结构、奖金政策、福利等方面的考虑。跟候选人当时所在公司不一样，虽然 Offer 薪酬只能给到 46 万元，但候选人整体年收入肯定不会低于期望的 54 万元。

基于以上几点因素综合考虑，客户给出了 46 万的 Offer。

第二步：分析客户 Offer 的薪酬上限。

基于上述几点信息判断，客户 Offer 的大致上限为 50 万元。顾问向候选人解释了客户给出 46 万元的具体原因，避免候选人产生误会。

第三步：回到候选人端，进行四步法操作，分别是解释、了解、吸引、分析。

与此同时，再次跟候选人按照四步法进行了复盘，尤其是重点分析了客户公司的薪酬架构，与候选人当下所在公司薪酬架构有很大的不同。候选人当下的年薪结构中，年底奖金占比很大，这就意味着会有很大的不确定性，而客户提供的年薪基本是固定保障底薪。另外月度奖金、季度奖金、年终绩效奖金等都没有算在 46 万元的薪酬之中。即使最终 Offer 年薪给到 46 万元，折算为月薪也远远高于候选人当下税前 2 万元的月薪。经过分析，最终与候选人达成了共识。

第四步：遵循"两边凑"原则，做好进一步协调。

经过与候选人的探讨和交流，候选人可以接受年薪 46 万元的 Offer，但希望顾问再帮忙争取多要一些。

候选人底线是 46 万元，客户上限是 50 万元，基于这两点判断，我们给客户做了两个方案。

具体方案

年包：50 万元 / 年
月度：32000 元 / 月
年终发放奖金：116000 元

年包：48 万元 / 年
月度：33000 元 / 月
年终绩效奖金：84000 元

权衡之后,客户最终选择了第二种方案,候选人也欣然接受了Offer。

这个案例充分体现了谈判的重要性以及猎头的价值,猎头从来不是简单的传话筒,而是在关键时刻、关键阶段给到关键意见的人。

7.9 候选人手握多个 Offer，猎头顾问如何巧妙说服？

中高端人才一直以来都是市场上各家企业争抢的对象，所以他们只要决定寻找外部机会，那么手里同时握有多个 Offer 的情况会非常普遍。面对这种业务场景，猎头顾问应采取下图所示的操作步骤。

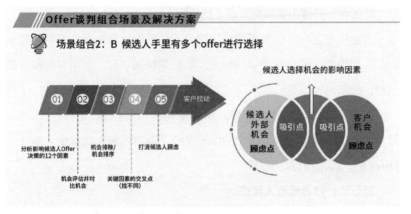

第一步：分析影响候选人 Offer 决策的 12 个因素。

从 12 个决定 Offer 的因素逐一分析，通常可以找到候选人最看重的 3～4 个点。

第二步：评估并对比机会。

让候选人自己评估每个机会的吸引点与顾虑点。所谓吸引点，就是 12 个因素中符合期望的，而顾虑点则是指不符合期望的因素。

在实际操作中，顾虑点容易被猎头顾问忽视。个人建议是，一定要足够重视,因为候选人其他 Offer 的顾虑点,可能对于猎头顾问的客户来说就是吸引点。比如,候选人对机会的稳定性有所顾虑,如果其他 Offer 不具备这方面的优势,而猎头顾问的客户最大的特点就是稳定。在这种情况下就比较容易拿下候选人。

第三步:机会排除/机会排序。

除了薪酬,候选人在考虑新机会时还会有其他方面的考量,如职业发展、家庭、直接上级、晋升空间等。这就需要候选人在选择 Offer 的时候进行取舍,此时猎头顾问就要引导候选人进行机会筛选。筛选要客观,要根据自己客户 Offer 所处的位置,思考具体的应对方式。

第四步:关键因素的交叉点(找不同)。

机会排序之后,在剩下的可选择的 Offer 中,每个机会不可能完全一样,但很有可能存在相似的地方,如薪酬待遇一样、公司发展前景都很好、级别也一样等。

有差异才更容易做出选择,所以这时就需要找到不同点。比如,第一个 Offer 离家近,第二个 Offer 直接上级的风格比较适配,第三个 Offer 的产品比较有竞争力等。

第五步:打消候选人顾虑。

找出不同以后,接下来就是引导和帮助候选人做进一步的分析、筛选,挑选较为看重的因素,是离家近还是与直接上级更适配,等等。同时,猎头顾问要尽可能打消候选人对自己客户的顾虑。

第六步:客户拉动。

最后一步非常关键,针对候选人筛选出的机会,猎头顾问要考虑自己的客户这时候能提供怎样的帮助,如提升薪酬、受到上级领导的重视、认可,工作范围扩大,晋升空间大,等等。

需要重点强调一下,除了薪酬这个可量化的因素之外,在最后一步,建议让候选人的准直接上级甚至是公司的管理层,跟候选人再次进行深入的沟通和交流。一是让候选人感觉被认可、被重视,这一点是大部分候选人都非常看重的;二是针对候选人的顾虑点,客户出面会显得更有说服力。

无论候选人最终选择哪个 Offer,猎头顾问都应该尊重对方的选择,并为其提供必要的支持和服务,以确保其做出最佳决策。同时,猎头顾问要与候选人保持后续的跟踪和沟通,了解对方在新职位上的适应情况,并探讨未来的合作机会。

我们公司有一个客户,是北京的一家航空企业,专注民用小型无人机产品的研发和生产,岗位是运动控制算法科研专家。候选人李博士,北京航空航天大学运动控制学专业本科、硕士、博士、博士后。

在谈 Offer 阶段,得知候选人手里一共有 4 个 Offer,分别是科研研究院、国内排名前三的 AI 医疗公司、自动驾驶公司、我们的客户。

第一步:分析影响候选人 Offer 决策的 12 个因素。经过与候选人李博士沟通,了解到他这次选择 Offer 主要看重的几个关键因素如右图所示。

第二步:评估并对比机会。针对以上 4 个 Offer,引导候选人进行评估和对比,从而对每个机会形成更客观的认识。之后,候选人得出以下结论。

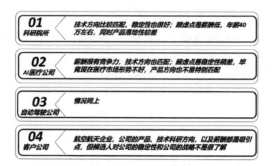

第三步：机会排除/机会排序。在第二步的基础上，通过与候选人的分析交流，李博士首先排除了科研研究院和AI医疗公司，在剩下的自动驾驶公司和我们的客户公司之间再进行评估、选择。

第四步：寻找关键因素的交叉点（找不同）。从上述分析可以看到，剩下两家公司的共同点是薪酬和技术方向一致，不同点在于稳定性，这既是问题的焦点，也是胜负手。

第五步：打消候选人的顾虑。针对我们的客户，根据候选人的顾虑点，我介绍了一个应届博士毕业之后的发展情况，该博士当时在客户公司发展稳定，李博士因此打消了顾虑。

第六步：客户拉动。针对候选人的以上情况，我建议客户根据公司发展及未来规划，让候选人的准直接上级跟他线下见面进行深入沟通。

经过线下沟通，候选人李博士对公司的意向性非常高，直接表明，如果客户公司的 Offer 不低于自动驾驶公司的薪酬，就会接受 Offer。最终客户满足了候选人的薪酬期望，李博士也成功入职该公司。

以上就是候选人手握多个 Offer 进行选择时，猎头顾问沟通谈判的思路和流程。我相信通过这个实操案例，大家对六步法应该会有更加直观的认识和理解。

7.10
当候选人愿意而家人反对时，猎头顾问如何巧妙说服？

家庭因素也是影响候选人 Offer 决策的原因之一，因此猎头在进行 Offer 谈判的过程中，不能只关注候选人，也要尽可能地关注其背后的家庭因素，间接或直接地做好家庭成员的说服工作，或是解决候选人的后顾之忧，或是以此为突破口。

我们先来看一下该业务场景之下的流程和操作思路。

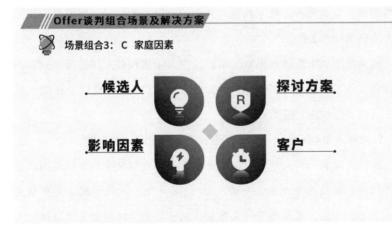

第一步：了解家庭具体的影响因素。

通常情况下，家庭的影响因素主要集中在薪酬待遇、工作城市、通勤距离、老人及子女照顾方面。相对来说，候选人的公司发展、平台、岗位、产品等职业层面的因素不是很重要，毕竟家庭成员对候选人本身的职业因素了解甚少。所以,猎头顾问要具体了解家庭成员的顾虑点是什么,找到问题的症结所在。

第二步:了解候选人个人的想法。

除了家庭因素之外,猎头顾问还要搞清楚候选人其他方面的顾虑,如岗位级别、发展空间、老板、直接领导等因素。

第三步:探讨方案。

从职业角度而非个人生活方面,进一步分析和探讨。

第四步:寻求客户帮助。

即便阻力来自家庭因素,客户同样能够起到促进作用。因为很多来自家庭方面的阻力,其源头还是在于企业,在于工作本身。比如,薪资待遇的问题,客户是否可以多给一些;异地工作的问题,客户能否多给一些假期;老人赡养、孩子教育等方面的问题,客户是否后期能安排候选人回到本城市工作。

猎头顾问从家庭因素出发,帮助候选人争取权益,往往能得到客户的理解。而且,一旦客户做出妥协,反而会让家人感觉到企业的人性化,从而支持候选人接受Offer。

针对家人影响Offer决策的场景,下面我分享一个案例。

客户是北京一家大型电子制造企业,委托我们访寻的岗位是高级射频工程师。候选人李先生,年龄41岁,15年企业及科研院所射频研究和开发经验。现公司是西安的某体制内电子公司,任射频主管岗位,年薪税前35万元。

进入谈Offer阶段,客户Offer薪酬为税前年薪46万元。候选人本身没问题,因为其目前所在的公司经营不太好,内部管理也比较混乱,年终奖都可能拿不到。与此同时,候选人也挺看重客户公司的发展、产品、技术，对直接上级的技术能力也非常认可，个人发展空间很大。所以，候选人自己是非常愿意接受 Offer 的。

但候选人的爱人反对。一是因为家里两个孩子，老二才两岁多，不希望候选人去异地工作；二是认为年薪涨幅不高，没必要去异地工作。

基于候选人爱人的两点顾虑，顾问跟候选人进行了深入沟通，建议与客户争取更高的薪酬。经多次沟通，其爱人觉得薪酬至少在 60 万元以上，这样可以请保姆照看孩子。

候选人方面谈妥之后，顾问便将当前的情况向客户做了详细的汇报，表达了候选人对机会的认可，以及其爱人的顾虑和期望。最后，客户决定将候选人的 Offer 薪酬提高到 55 万元。同时，工作半年到一年，待候选人对公司和业务各方面都熟悉以后，公司可以考虑让候选人回到西安组建一个射频小组。最终，该候选人顺利入职。

在实际工作中，类似的情况还是比较多的。虽然各家的干扰因素不同，但基本的操作思路大致一样，需要猎头顾问做好双方之间的沟通，尽可能帮助候选人安定好后方。

7.11
Offer 谈判四项黄金建议：少走弯路，顺利达成理想协议

猎头在与候选人进行 Offer 谈判时，除了谈判的思路、技巧、工具模型之外，在谈判过程中还有一些必须要注意的地方，我称其为 4 项黄金建议。

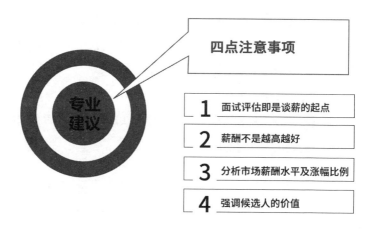

四点注意事项

1 面试评估即是谈薪的起点
2 薪酬不是越高越好
3 分析市场薪酬水平及涨幅比例
4 强调候选人的价值

1. 面试即薪酬谈判的开始

很多顾问对于"薪酬谈判的时间起点"存在错误认知，如下图所示。

薪酬谈判的时间起点

- ❌ 企业向候选人询问期望薪资时
- ❌ 企业开始与候选人谈 Offer 时
- ✅ 当候选人开始与企业接触，去企业面试的那一刻起，双方的博弈就开始了

这是因为企业最后提供给候选人的薪酬数字，是综合多种因素做出的决定，而大部分因素需要候选人在整个面试的过程中展示给企业。也就是说，薪酬往往不是候选人"要"来的，而是表现出来的。

比如，候选人的期望薪酬是 50 万元，但经过一番接触评估之后，企业最多只能给到 45 万元。出现这种情况，很多时候并不是企业给不起，而是评估之后认为候选人只值 45 万元。

所以，猎头顾问一定要跟候选人强调，若想拿到理想薪资，从面试环节开始就需要拿出最佳状态，让企业高度认可自己的价值，这样候选人在谈判中才会拥有更多的话语权。同时，猎头顾问也要提供专业建议，进行面试辅导。

2. 薪酬不是越高越好

候选人在薪酬谈判时，是否应该一味地追求高薪酬呢？

我的答案是否定的。

薪酬越高，意味着需要承担的责任越大，公司对候选人的期望和要求也越高。如果候选人不具备相应的能力，无法为公司创造出更大的价值，就会面临被"扫地出门"的风险。从长远来看，如果高薪酬只是短暂获利，那么它就不是薪酬谈判的上佳之策。

贪婪是人性的弱点，即便是高智商的中高端人才也很难清楚地认识到这一点。他们一味地以高薪酬衡量薪资谈判的胜负，甚至当客户给到的薪酬已经达到上限时还不满足。

2020年，我推荐给A客户一个供应链高级经理的岗位，候选人张女士。经过几轮的面试，双方相互都很认可，进入了谈薪阶段。当时候选人年薪50万元，客户副总监的岗位薪酬范围在50万～60万元之间，候选人期望薪酬不能低于70万元。

经过多次沟通，如果满足候选人70万元的薪酬，客户只能把岗位级别提升到副总监级别，候选人同意了。结果，在入职公司的前3个月内，候选人表现出对岗位的不适应，公司也对候选人的工作存在质疑。毕竟年薪70万元的副总监承担的职责以及公司对其期望肯定是不一样的。

最后，双方在第4个月时结束了合作关系。

我个人的建议是，希望候选人能正确地评估和认识自己，薪酬期望一定要符合自己的能力以及公司对你的要求，否则职业风险会提高。

3. 分析市场薪酬水平及涨幅比例

猎头应该对相关职位的市场薪酬水平有所了解，可以通过与行业专家交流，查看薪酬调查报告，与薪酬专业人士沟通等方式进行了解。很多中高端人才之所以会要求一个较高的薪酬期望值，往往就是担心自己"要少了"。

除了试探性报价之外，另一个很重要的原因是他们不懂行情，不知道跳槽时市场上薪酬的合理涨幅范围到底是多少。

如今市场上中高端人才跳槽的薪酬涨幅通常在 20%～30%。猎头顾问一定要提醒候选人，同时要结合候选人和客户的情况，给出合理建议。

4. 强调候选人的价值

候选人的价值决定了他们能拿到的薪酬数字，猎头顾问要向客户强调候选人的价值及其能为公司做出的贡献。比如，猎头顾问可以通过提及候选人的技能、经验、取得的成就以及与工作职责的匹配度等，让客户觉得应该用更高的价格来录用该人选。

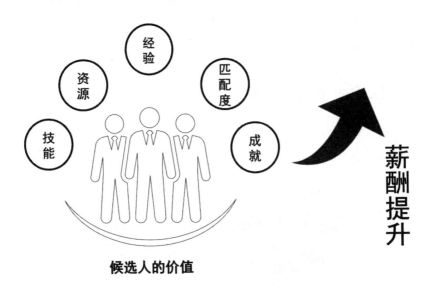

候选人的价值

7.12 客户 Offer 深度解析：主要内容、签订流程及注意事项

在整个招聘流程中，Offer 签约是非常关键的一环。如果 Offer 的内容有疏漏或存在异议，如条款不清晰等，后续就会比较麻烦，可能会引发一系列问题。

作为猎头，一定要了解一份规范的 Offer 所包含的内容，包括签订的具体流程以及相关注意事项等，这样有利于协助候选人理解和评估 Offer，确保万无一失。

1.Offer 的主要内容

通常情况下，一份正式的 Offer 至少会包含以下八个方面的内容，如下图所示。

（1）公司名称。候选人要清楚自己将要加入公司的具体名字，尤其是集团公司，需要确定加入的是集团公司，还是分公司或子公司。

(2) 职位信息。包括职位名称、所属部门、主要工作内容，确保候选人了解自己将要承担的工作内容和职位级别。

(3) 薪资和福利待遇。明确薪资待遇，包括基本工资、奖金、保险、公积金，以及股权、期权等额外的奖励计划。

(4) 入职日期。一般精确到分。

(5) 工作地点。这个一定不能忽视，尤其是在公司有多个办公地点的情况下。

(6) 工作时间，如工作天数、大小周等。

(7) 合同期限，包括雇佣期限、试用期等。

(8) 其他条款和细节。Offer 中可能还包含其他补充说明，如培训计划、晋升机会、职业发展等。

2. Offer 签订流程及注意事项

一般企业会通过邮件的方式向候选人发送正式的 Offer 文件。候选人需要在一定时间内签字确认接受或拒绝 Offer，并签署相关文件，然后按照原路径返回给客户。

由于猎头的服务费用是根据候选人 Offer 规定的薪酬金额计算的，同时公司名称、职位信息、入职日期等内容都与猎头的服务费用有关，所以建议在 Offer 中明确这些信息。

需要注意的是，有些客户在发给候选人 Offer 的时候，也会发给猎头顾问一份。如果客户没给，猎头顾问需要通过候选人渠道保留一份 Offer。

事实上，从谈判到录用的过程中，每一份文档，与企业每一次往来的书面沟通，都应该留好存档，以备不时之需，这是一名专业的猎头应有的意识和表现。

7.13 降低候选人 Turn Down Offer 概率的实用策略

人的想法是会发生变化的，尤其是在职业选择方面，往往充满了变数，这样的特殊属性注定了成单的难度会增大。因此，我经常会听到顾问的吐槽。

> 客户要约面试，候选人却"玩失踪"，怎么都联系不上。

> 候选人原本应该今天入职，结果早上打电话说不去了。

> 候选人签了Offer，客户等了3个月，快入职时表示自己已选择了另一个Offer。

类似候选人突然改变决定的情况，很多猎头顾问都经历过，也因此陷入被动的局面。

虽然候选人的决定难以完全预料，但出现这些情况的原因，我认为还是出在猎头顾问与候选人的沟通方面。如果沟通充分，猎头顾问对候选人的把控更到位，那么是完全可以降低候选人 Turn Down Offer 的概率的。

以下是我在实际工作中总结出来的具体策略。

第 7 章 猎头顾问薪酬谈判实战教学

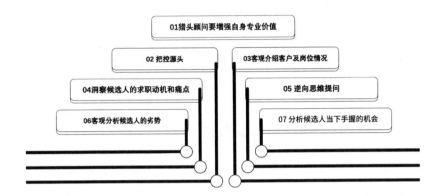

1. 猎头顾问要增强自身专业价值

候选人之所以任性而为,很多时候是因为顾问在他们心中的价值较低。

人与人的连接通常有两种方式:一是感情连接,双方的关系建立在感情基础之上;二是价值连接,如果认为某个人对自己有价值,那么在做出决定时往往也会考虑对方的感受。

猎头顾问与候选人的关系,大部分属于第二种。也就是说,猎头顾问需要在候选人那里体现出更高的价值,对方才会认可、尊重顾问。比如,猎头顾问可以与候选人分享行业及客户信息,向候选人提供优质的工作机会,帮助候选人做职业规划以及面试辅导、Offer 谈判等,从专业角度体现自己的价值。

2. 把控源头

我一直强调深入 Mapping 的重要性,通过专业的猎头 Mapping 技术,接触到的候选人大部分属于"冰山下的人选"。相比外网的人选,这类候选人接触的机会相对较少,但决定看机会往往是经过深思熟虑的，相对稳定。

通过外网找机会的人选，每家猎头公司的顾问都能接触他们，也就意味着候选人面临着大量的选择。相较之下，利用深入 Mapping 技术找到的候选人，成功率会更高，这就是所谓的把控源头。

3. 客观介绍客户及岗位情况

相当一部分候选人放弃客户的 Offer，是因为猎头顾问没能深入、全面地介绍客户及岗位信息。很多顾问习惯于强调客户的优势而忽略客户的劣势，这是原则性错误。我的建议是，在和候选人沟通时，先介绍这次机会的劣势，要尽可能做到客观、实事求是，用真诚、专业的态度打动候选人。

4. 洞察候选人的求职动机和痛点

候选人放弃 Offer，很多时候是因为之前考虑不慎，最终临时反悔了。所以，猎头顾问一开始就要搞清楚候选人想要的是什么，也就是要洞察候选人的求职动机和痛点。我的建议是，从候选人当时所在公司、业务、部门、发展空间、待遇等几个核心层面与候选人深入沟通，从而更精准地挖掘出候选人看机会的动机和核心需求。

在此基础上，再对比客户在上述这些方面的突出优势，这样通常可以增强候选人对客户机会的认可。

5. 逆向思维提问

通常情况下，猎头会按照自己的意愿和期望的方向去跟候选人沟通，列举出众多吸引候选人的优势。这样就容易忽视一个问题：候选人考虑这个工作机会的真实原因是什么？

有可能是顾问说的这些优势打动了候选人，但也有可能是出于其他方面的考量。如果是后者，那么这种交流上的信息差最终很可能会导致双方的步调不一致。

为避免上述情况，就需要猎头顾问用到"逆向思维提问"的技巧，反问候选人："你为什么会考虑这个机会？"这种提问技巧更容易获悉候选人的真实想法，从而判断其考虑机会的合理性，减少变故。

6. 客观分析候选人的劣势

猎头顾问既要客观地向候选人介绍客户公司的优劣势，同样，也要客观地正视候选人的优劣势。

如果候选人的劣势恰恰是客户比较关注的，那么人选面试通过的概率就会比较低。所以，我认为顾问有必要花时间与候选人深入沟通其不足之处。只不过需要注意方式方法，用候选人可以接受的方式进行沟通。

比如，可以问候选人："您想通过新的机会，在哪些方面得到提升？"如果人选意识不到自己的问题所在，则很有可能与高端岗位较难匹配；反之如果有清晰、客观的自我认知，再通过猎头顾问专业的辅导，后续成功率就会增加。

7. 分析候选人当下手握的机会

考虑机会的候选人通常手握多个机会，对于猎头顾问来说，这无疑增加了把控难度。所以一定要对候选人当下手上的机会进行了解，最好能掌握候选人接触了哪些公司、进展如何。这样做也可以从另一方面了解候选人的个人能力，从而评估合作成功的概率。

候选人手中的机会越多，说明该候选人的能力越强；候选人面试了多家公司，但尚未拿到 Offer，或许说明该候选人的能力或其他方面存在一些问题，不能作为重点人选推荐。

Chapter 08
第 8 章

未来已至：SOHO 猎头掘金模式详解

8.1 SOHO 猎头：开启猎头掘金的第二战场

2021 年，国家统计局公开了一组数据：截至 2021 年年底，我国灵活就业（也称"自由职业"）人员达到 2 亿人。

因相对宽松的进入和退出机制，如今有越来越多的年轻人选择走上灵活就业的道路。比如，近几年很火的网络主播，2021 年主播及相关从业人员高达 160 多万人，较 2020 年增加了近 3 倍。

SOHO（Small Office Home Office，小型家庭办公室）猎头顾问就是猎头行业中的自由职业者，比传统的猎头更灵活、自由、独立。他们可以选择独立注册，或是挂靠其他猎头公司，或与招聘平台合作。其办公形式灵活，可居家办公、合租办公或租赁办公空间。

广义上讲，SOHO 猎头属于猎头创业的一种形式，也被称为独立猎头或是自由顾问，通常都是全职工作。

我的公众号读者经常询问我有关 SOHO 猎头顾问的问题，比如，"老师，您觉得我适合做 SOHO 猎头吗？"

想知道自己是否适合成为一名 SOHO 猎头顾问，首先需要了解这一行的利与弊，从而做出更精准的判断。

1.SOHO 猎头的优势

SOHO 猎头主要有以下两方面优势。

第 8 章 未来已至：SOHO 猎头掘金模式详解

灵活
SOHO 猎头模式灵活、自由，这是很多人所向往的工作方式。

高收入
中端岗位，每单收费 5 万元，每月成交一单，年业绩 60 万元，扣除其他费用，每年可以保证 30 万元以上的收入。

高端岗位，每单收费 8 万元，每月成交一单，年业绩 96 万元，扣除其他费用，每年可以保证 50 万元左右的收入。

自由且高薪，听起来太美好了，但为什么这种模式在行业内并非大多数猎头顾问的首选呢？因为它的劣势也很明显。

2.SOHO 猎头的劣势

SOHO 猎头的劣势有以下 4 个方面。

01 专业技能难以提升
没有公司支持，缺少专业化、系统化的培训，大部分时间专注于做单，忽略了对流程、专业技能的深入思考和复盘。

02 客户资源难以保障
SOHO 猎头能拿到的客户资源是很有限的，在品牌、系统资源、客户资源方面都无法与中大型的猎头公司相比。

03 难以维持可持续性的业绩
SOHO 猎头顾问的业绩可持续性差，很多因素都会影响业绩，如经济形势变化、行业低谷、客户变动、时间精力分散，等等。

04 职场思维及社会融入度降低
由于远离职场，职业思维、社会融入度都会脱节，从而跟不上行业发展节奏。更重要的是来自客户方面的顾虑。

3. 给 SOHO 猎头的建议

在了解 SOHO 猎头的优劣势之后，如果仍然打算选择成为 SOHO 猎头顾问，那么在实际操作层面，我有 5 个方面的建议分享。

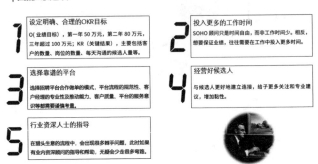

4. SOHO 猎头的特质

目前在行业内，SOHO 猎头仍属于小众群体，大多数人还不适合这种工作模式。那么，到底什么样的人适合做 SOHO 猎头，且更容易在这种模式中取得成功呢？

我认为同时具备以下三大特质的顾问，可以放心大胆地选择 SOHO 猎头。

8.2 SOHO 猎头顾问赚钱公式大揭秘

未来想在猎头行业赚钱肯定是越来越难,这种局面会持续相当长一段时间。本节我将从猎头公司、猎头管理者、猎头顾问三个方面进行阐述。

1. 猎头公司

想赚钱,猎头公司需要考虑的是路线问题,是选择规模化、运营化发展路线,还是选择专业、精细化、小而美的发展路线。这是目前不少猎头公司比较迷茫、纠结的。

不走规模化路线,意味着在市场上没有太大的竞争优势,但规模化发展的另一面就是高投入,而目前的市场形势是投入和收益未必能成正比。

我建议,在精力有限的情况下,面临当下市场的形势,选择小而美的发展路线,保持专业度,注重服务品质和价值,不失为上上策。

不少创业多年的猎企创始人对此会有些许不甘心,这一点我完全能理解,毕竟做企业都希望能做大做强。然而,聪明人要顺势而为,人无千日好,花无百日红,曾经辉煌的成绩很大程度上源自于时代,包括我个人在内,很多猎企创业者都捞到了一桶金。如今形势变了,思路也要跟着变化,所以我建议选择精细化运营,轻装上阵。

这或许是猎头创业者职业下半场的最优选择。认清局势，审时度势，选择当下适合企业以及自身发展的路径，这是难得的智慧，不要跟自己腰包里的钱过不去。

2. 猎头管理者

对于管理者来说，无非三种选择：创业、职业经理人、独立顾问。

（1）如果具备创业者的素质，那么创业是最优选择。作为创业者，需要具备多种素质，如果不具备，则需要谨慎考虑创业这件事。

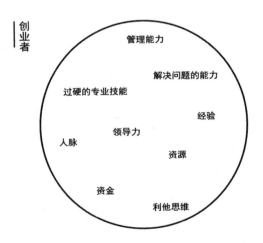

（2）如果选择职业经理人，就一定要找到优秀的平台。平台需要

满足两个条件：第一，平台要合适，老板要懂行，公司管理要规范；第二，管理者要具备过硬的专业技能，也就是要能带好团队。

（3）如果过往作为管理者感觉力不从心，业绩欠佳，说明你很可能并不适合做管理者。这种情况下，与其痛苦挣扎，倒不如选择做一名独立顾问，既不累，也能赚到钱。

3. 猎头顾问

猎头顾问主要分两种，一种是独立的全能顾问，专业技能强；另一种是专业技能偏弱的顾问。

第一种顾问完全没必要担心，无论市场形势如何变化，这类顾问一定是赚钱的。这样的猎头顾问在市场上属于"抢手货"，是很多猎头公司争相抢夺的对象。所以，在保证业绩的同时，选择一家流程管理规范的猎头公司，继续提升专业能力是不错的发展路线。

第二种顾问就比较麻烦了，如今猎头公司生意难做，公司都在裁员、缩编，招人也是要第一种猎头顾问，因为他们有能力、有资源，上班就能给公司带来收入。

我个人认为，在当下中国的猎头市场，根据二八法则判断，80%的顾问都属于第二种。换句话说，大部分顾问的专业技能都没有优势。所以这类顾问选择成为 SOHO 猎头，或许是一个不错的选择。

首先，对于平台而言，SOHO 猎头顾问的模式在某种程度上降低了公司的风险和成本，所以公司在选择 SOHO 顾问时，条件就会相对放宽，而且从收入方面来说，双方是一种双赢的局面。

我们来算一笔账。规范的猎头公司，顾问收入一般占回款额的 20%～40% 之间。规模越大的公司，比例越低，反之越高。取中间值，按 30% 计算，如下图所示。

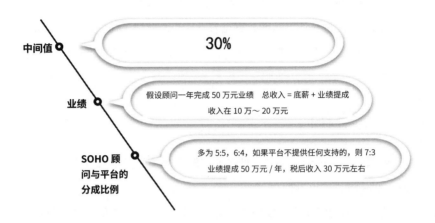

其次，对 SOHO 顾问来说，没有业绩压力，反而能发挥自身的优势和潜能，更容易出业绩。

有些顾问担心 SOHO 猎头的模式没有基本的薪酬保障，这的确是一个问题。但是换个角度思考，如果做不出业绩，别说基本工资，可能连工作都保不住了。反之，如果能做出业绩，那点底薪又算得了什么呢？

8.3 警惕！这几类 SOHO 顾问会让你的业务陷入困境

这一节不仅是写给 SOHO 猎头顾问看，以警示自己不要成为这几种人；同时，也是猎企和猎头平台需要关注的，因为一旦用错人，你的业务可能会陷入困境。

如今，无论是行业内的人还是行业外的人，很多人都转型去做 SOHO 猎头，可见 SOHO 猎头的模式已经成为一种趋势。但这并不意味着该模式足够好，尤其是 SOHO 猎头与猎企、平台之间，或多或少都会出现一些问题。

下面分享两个真实案例。

第一个案例来自南京的猎企老板，曾找我倾诉一件烦心事。

南京的猎企老板

"Janice，我最近快疯了，SOHO 模式其实做起来挺难的，感觉比线下猎头更难，存在各种问题。协议规定，在客户回款到账的 7 天内发放顾问佣金。可是，一个离职的 SOHO 顾问在没到付款周期，我们没开发票客户也没回款的情况下，竟然找律师起诉我。"

另一个案例来自广州的猎头管理者，他转做 SOHO 创业已有两年，同样，也遇到了问题。

广州的猎头管理者

"Janice,我感觉管理 SOHO 团队真的很累,需要投入很多精力。业绩没有保障,有的顾问还非常麻烦。无论正在合作还是解除合作的顾问,我们基本都是按照协议规定支付佣金,甚至提前预支佣金,可是客户款还没到,就有顾问到处造谣污蔑我们平台拖款、欠款!"

经过一番沟通,当我得知广州的这位猎头管理者在遭遇对方造谣、污蔑,依然按照协议提前支付了佣金后,我对他竖起了大拇指。

无论是生活中还是工作中,我们难以避免会接触到一些低认知者。先耐心沟通,如果解释不通,就尽量不要去和他们纠缠、计较。然后要思考怎么快速解决问题,同时避免类似的问题发生。

SOHO 猎头顾问与平台的适配性很关键,如果不适配,则容易造成很多麻烦,后患无穷。

虽然我们公司的 SOHO 团队经过一年多的运营,制度、体系、流程、管理等已经相对完善了,但是在经营的过程中同样存在一些问题,或者会出现突发情况。而这些问题和突发情况,跟顾问自身特点有一定的关联性。这也是为什么我会对进入 SOHO 团队的顾问严格把关的原因。

通过这一年多的实践和思考,我认为以下几种类型的 SOHO 顾问,千万不要和他们合作。

不要合作！❌

低认知型

与低认知型顾问合作容易出现3个问题：
1. 沟通困难，在很多问题上会出现分歧，而且难以调和。
2. 容易造成矛盾升级，这类人往往比较情绪化，偏激且固执，一件小事很容易演变至难以收场的地步。
3. 低认知型顾问往往能力有限，在组织、社交、做事条理性方面都比较差。

空手套白狼嫌疑型

猎头这一行，不仅面临被客户空手套白狼的风险，存在这种想法的顾问也不在少数。面试的时候是很难看出来的，但在合作以后他们的行为就会露出马脚，对于这类顾问一定要谨慎合作。

缺乏定力型

对于做事三分钟热度，遇到挫折困难就退缩的SOHO顾问不予合作。赚钱哪有那么容易的，我甚至都不建议这些人选择猎头这一行。

挑拨离间型

这种顾问即便能力再强也不能让他们留在团队里，因为这类人会对团队造成破坏性的打击。这是我这么多年管理公司一直坚守的原则，是不可逾越的红线。

关于挑拨离间型的顾问所带来的困扰我深有体会。我们公司曾经有一个业绩很好的顾问，跟我配合得也不错。直到有一天，另外一个顾问找我谈话。她说自己来公司快六个月了，刚来的时候确实想过离开，因为××跟她说了很多负面信息，她是抱着再试试看的态度才留了下来。

至此，我才知道那个业绩好的顾问一直在团队中散布谣言。这件事立刻引起了我的重视，经过私下调查走访，发现很多顾问都反映同样的问题，于是我直接让那个破坏团队凝聚力的顾问走人了。

这种顾问即便能力再强，业绩再好，也绝不能留用。当然，这只是我的用人原则。

8.4
一位 SOHO 猎头的蜕变：
如何在 1 年之内实现人生大翻盘

本节是一位转型做 SOHO 猎头的顾问写的年度总结，她目前也是我 SOHO 团队中的小伙伴。在过去的一年里，她的人生发生了很大转变：跨行业、跨职业，从什么都不懂的"门外汉"到挖掘到猎头第一桶金，并且在团队中发挥出很大的作用。

我相信，她的故事和经历能够给大家带去一些思考和借鉴。以下就是这位小伙伴的总结全文。

在转做 SOHO 猎头顾问之前，我的工作主要是为客户提供解决方案，对于中高端人才的招聘，从未涉足过。

2022 年 10 月，我正处于职业迷茫期。一次偶然的契机，我在朋友圈看到 Janice 老师的公众号文章，咨询了转发文章的朋友，发现她正在做猎头，而且就在 Janice 老师的团队。

我突然萌生了转行做猎头的想法，于是把 Janice 老师的公众号文章逐篇进行阅读。在我对这个行业有限的认知里，能感受到字里行间扑面而来的专业。我当即通过公众号留下的联系方式，添加了 Janice 老师的微信，预约她电话沟通。

和 Janice 老师电话沟通后，第一感觉就是老师很实在，她和我剖析了 SOHO 猎头目前的现状、存在的问题、未来的机会和发展趋势。让我心生好感的是，老师并没有"画大饼"，电话末了让我思考清楚后做决定。

这一思考就是一个月，我客观评估了自身的性格特点、优劣势等各方面的情况,也通过多种渠道对这个行业进行了深入了解,最后决定加入 Janice 老师的团队。

但凡决定了做一件事情,我通常都会全力以赴。我深知刚起步,重要的是汲取专业知识,于是我树立了一个目标:成长为全能型的猎头顾问。行动胜过一切语言,我转行的第一周便去参加了一个大型的行业展会,很快就成功 BD 下一个客户。第二周我跟着 Janice 老师的思路学习搜索和候选人面试评估。

在一次搜索的复盘会议上,我一边听一边搜索,居然找到了一个优秀人选。沟通意向性之后,我向客户做了推荐。经过两轮面试,第二周的第二天,我的第一个客户向这位人选发出来 Offer。Janice 老师说我打破了 SOHO 新人成交 Offer 的记录,仅用了两周便拿下了第一个 Offer,这给了我极大的鼓励和莫大的信心。

有了好的开端,但不意味着很快就会有好的结果,我第一个拿到 Offer 的人选最后 Turn Down 了。我深刻地意识到,与 Janice 老师以及资深的同事对比起来,我对于人选和客户端的把控还有很远的路要走。于是,我更加注重学习和思考,总是追着 Janice 老师问各种各样的问题。她也不厌其烦地解答,并且会带着我和其他小伙伴一起探讨、分析。让我感受到 SOHO 团队其实一点也不松散,有组织、有纪律,有周会、晨会、各种项目复盘会和技能培训会、实战演练,每一天都过得非常充实。

既然立志成为全能型顾问,我每周都坚持一边做单一边 BD。其中有一家客户是初创型的公司,与客户初次沟通后,我对这家客户充满了疑虑,便向 Janice 老师请教是否该放弃。Janice 老师建议我出于生意的角度考虑不要轻易放弃任何一家客户,若没有成单,可累计这个行业的候选人,同时 BD 其他客户。

后来,这家起初令我"纠结"的公司,真的成了我们的 KA 客户。2023 年我们团队在这家客户做成了近 100 万元的单子,我也因为是这家客户的开发顾问和客户经理,获得了可观的回报。现在回头看,很多事情真是想不到也想不透,只有做了才知道,行动才是硬道理。

一年下来,我开发了 20 个左右的客户,虽然也在客户端走了不少弯路,如对有些客户投入了很多精力但并无产出,而有些客户被事实证明并不"靠谱"。但我一直秉持"不要随便放弃客户"的原则,用心做好交付,陆续做成了 4 家 KA 客户。在客户端花的时间多了,我对这个行业的生意逻辑有了更加清晰的认识,与团队、管理者的配合也更加高效。当然,交付方面,我也没有落下,有 80 万元的交付业绩,加上 BD 的业绩,转型 SOHO 猎头的第一年,我成了百万顾问,也掘到了做猎头的第一桶金!

除了金钱上的回报,我在专业能力方面也有了显著的提升,再也不是一年前的猎头小白。我开始尝试在内部带团队,并得到了团队小伙伴的认可。这一年沉淀下来的专业能力,为我在以后的猎头掘金之路上添加了自信和底气。

可以说,我用自身的经历证明了 SOHO 猎头是猎头人可放心选择的职业发展之路。同时,也有两个建议和大家分享。

一是要选择靠谱、专业的团队。有完善的制度、流程、体系,有战斗力、凝聚力的团队,有责任心、专业过硬的管理者。

二是要克服 SOHO 办公的弊端,拿出强大的自驱力、行动力,不断学习和实践。学习理论知识可以赋能实践,同时通过实践又能进一步巩固理论知识。

我相信,每一位选择 SOHO 猎头的同行都能掘到闪闪发光的金子。

第 9 章

猎头合同中的常见问题与执行技巧

9.1 合同纠纷的 7 个源头

猎头服务通常有 3 种收费模式,接下来将逐一介绍。

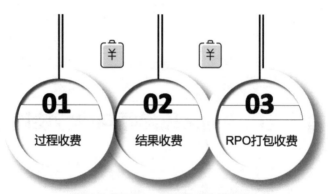

猎头服务3种收费模式

1. 过程收费

国际优秀猎头公司一般都采用这种收费模式,按步骤、分阶段收费。猎头费用一般是候选人年薪的 30%,假设候选人年薪是 200 万元,则猎头服务费 =200 万元 ×30%=60 万元。其中预付金一般按照总服务费的三分之一左右收取,即先收取预付款 20 万元左右。候选人保证期通常是 3～6 个月。

2. 结果收费

目前国内本土猎头公司基本采用这种模式，猎头先干活做事，等有了实质结果再向客户收费。

虽然也有猎头公司能收到客户的预付金，但在业内非常少，而且定金的金额往往很低。通常情况下，只是在签订合同时象征性地支付 5000～20000 元的预付金，90% 以上的猎头公司都是收不到预付款的。

所以，当前国内猎头公司普遍的收费模式，是等候选人成功入职后，按照年薪的 20%～30% 收取服务费用，保证期一般是 3～6 个月。另外，候选人如果试用期离职，那么猎头公司需要继续免费给企业推荐，或者返还已收取的部分费用。

3.RPO 打包收费

这种模式通常存在于小猎头之间，批量招聘，对象一般是月薪不高的上班族，根据人员数量进行打包收费。例如，100 个医药代表，平均每个人收费 2000～10000 元。

由于国内本土的猎头公司绝大多数采用的是"结果付费"模式，事情办好了才能拿到相应的报酬，保障性很低，因此猎头公司经常会面临一些潜在的商业风险，甚至法律纠纷。

这些风险和纠纷，很大程度上是源于客户的不良操作行为，主要出现在以下几个方面。

```
01  推荐候选人后，企业不安       05  隐瞒候选人年薪。
    排面试，存在空手套白狼
    嫌疑。

02  推荐的候选人，已被其他       06  拖延或拒绝付款。
    猎头推荐，重复推荐带来
    的业绩归属问题。

03  推荐的简历，客户数据库       07  试用期离职，拒绝付款。
    系统中已经存在，存在空
    手套白狼和重复推荐两种
    可能。

04  隐瞒候选人已上班的事实。
```

需要强调的是，后四种属于违约行为。客观地讲，目前这种结果付费的合作模式很难在短期内改变，这就非常考验猎头从业者对风险的预判能力、把控能力，以及解决冲突的能力。

看一组统计数据。

每个月6万元的业绩，猎头都做了什么

```
Warming Call          →   RSO            →   CI              ⎫
                                                             ⎬  1个 Offer
•20个Warming Call/天      •5个RSO/周          •2个CI/周       ⎭
•100个Warming Call/周     •20个RSO/月         •8个CI/月
•400个Warming Call/月
```

6万元业绩

从这组数据可以看到,猎头每个月要完成 6 万元的业绩,大约要打 400 个电话,平均每天需要打 20 个电话。我想表达的是,猎头工作并不容易,想要访寻到一个合适的人才,往往要投入很大的精力和时间,因此要学会保护自己的合法权益。

针对风险防范的措施,主要体现在合作之前对客户的筛选方面。选择优质的、靠谱的客户合作,风险往往就会小很多。

在合作前,尽量做目标企业市场调研及可行性分析,重点了解目标公司的猎头预算情况、上一年猎头费用实际支出金额、合作猎头数量、同行反馈、候选人反馈等综合情况,合作前尽量做到心中有数。

一般来说,容易出现信誉风险的,通常集中在过往没有启用过猎头渠道的企业。其中有很多导致合作出现变故的因素,包括企业成本、管理者对人才的重视程度、对猎头渠道的认可程度等。也有一些企业是抱着试试看的态度,这些都是未知因素。

对于这类企业,猎企尽量先收取预付款再合作,哪怕是 5000 元、10000 元的定金,也能看出客户的诚意。

总之,对于没有用过猎头的企业,无论规模大小、品牌强弱,合作前都需要警惕。

9.2 猎头服务合同签署指南：关键条款分析与案例解读

合同条款是对猎头最基本、最有效的法律保护措施之一，往往能在三个重要节点上起到决定性的作用。

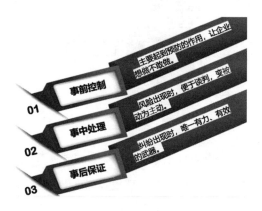

由此可见，对猎头来说，签订合同是非常重要的环节。而且一定要小心合同条款中可能出现的陷阱，避免在签订合同时，因审查不清或对一些概念不明，从而给自己埋下隐患。

我总结了合同中的 8 大关键条款，大家一起来解读和剖析一下。

第 9 章 猎头合同中的常见问题与执行技巧

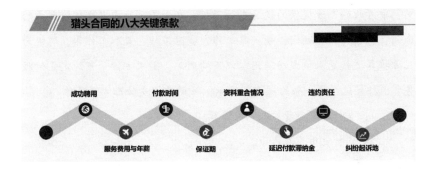

1. 成功聘用

"成功聘用"要按照候选人到企业上班之日算起,而不是"劳动合同签订之日"。

"成功聘用"是指甲方收到乙方提供的候选人简历后,在十二个月内发生任何形式的合作,包括聘用、顾问,或实习工作、临时工作、兼职工作等,均视为乙方推荐之候选人被成功聘用,以下均同。

2. 服务费用与年薪

服务费用是企业为猎头公司提供专业的人才招聘服务而支付的费用,一般可分为固定费率、比例费率、混合费率、阶段收费等几种主要收费模式。

基本薪水、年终奖金、津贴、福利待遇等都是年薪的组成部分。有的企业会严格按照这几项来算,而有些企业则是按固定年薪算,还有的按基本薪水算。不管是哪种情况,合同条款要怎样签订,心里都要有底线。

服务费用:若乙方推荐的人选被甲方成功聘用("成功聘用"的定

义：甲方收到乙方提供的候选人简历后，在十二个月内发生任何形式的合作，包括聘用、顾问，或实习工作、临时工作、兼职工作等，均视为乙方推荐之候选人被成功聘用，以下均同），则甲方按如下约定支付服务费：按候选人第一年的税前年薪××%的比例支付乙方服务费。

注1：支付的服务费按人/次计算。

注2：支付货币为人民币。

注3：年薪系以甲方与候选人聘雇合同书上所载明之约定为基准，是指甲方支付给候选人报酬之总额（含年基本薪水及各种年终奖金、全年津贴和其他福利待遇）。

注4：最低收费四万元人民币，是指候选人年薪×服务费比例后若低于四万元人民币，则按照四万元人民币收取服务费。

3. 付款时间

正常情况下，付款时间应该是从候选人上班之日起计算。诸如签订合同之日起、开发票之日起、候选人转正之日起等，这些对猎头都是不利条款，因为签订合同和转正变数大，猎头不可控，客户自由操作空间大。

付款期限：乙方每成功推荐一个职位，甲方应在候选人到岗之日起30天内向乙方支付全部的猎头服务费用。

4. 保证期

自上班之日起，三个月或六个月，以时间为界限。跟候选人是否签订正式劳动合同、是否转正无关。

乙方推荐的人员在甲方任职上岗后，保证期为 3 个月。若因候选人问题，在乙方提供的保证期内离开公司，乙方将免费为甲方提供一次相同职位人才服务，并尽力促使被推荐的候选人能被成功聘用。此项服务的提供，应符合以下两个条件。

（1）聘用的终止非因甲方未遵守与受聘人员之间的聘用合同条件。

（2）甲方在受聘人员解除劳动合同之日起 7 个工作日内，以书面的形式通知乙方，并明确要求乙方提供合同规定的服务。

保证期计算：以受聘人员接到雇用通知后，依该通知报到之日起算。

5. 资料重合情况

解决重复推荐或者客户数据库已有人才资料这一问题的方法，就是要求企业要在 24 小时或者 48 小时内书面通知。

甲方发现乙方提供的人才资料与其他渠道所提供的资料重合时，应在收到乙方资料后 48 小时内（且没有面试前）以书面形式或者邮件通知乙方，否则应被视为认可。如果该人才被甲方成功聘用，则甲方按合同规定支付乙方相应的服务费用。

6. 延迟付款滞纳金

比例通常在 1‰～ 5‰。这个条款一定要加上，对 HR 有威慑作用。因为一旦 HR 故意不付款，公司就要支付额外的滞纳金，这个额外的支出需要 HR 承担责任。

甲方应在协议条款规定的时间内付清全部服务费用，如延迟，须向乙方交纳每天 0.5% 的滞纳金。

7. 违约责任

该条款主要是为了预防客户公司空手套白狼的情况。

甲方如果在一年内重新录用乙方曾推荐而最初没有录用的人选，则乙方有权向甲方索取该职位的实际服务费用。

8. 纠纷起诉地

纠纷起诉地约定为原告所在地对猎头更有利，但合同中一般客户会明确为甲方所在地。

如因履行合同所生之争执或纠纷，双方应秉持诚信原则，优先以协商方式处理。如未能协商，可向原告所在地法院提请诉讼解决。

对合同条款中重要概念的了解，是建立健康、稳定的商业关系的基础，有助于预防纠纷，保护各方的权益，同时也有助于确保合同的有效履行。所以，大家一定要予以重视，在合同的问题上要慎之又慎。

9.3 客户合同陷阱大揭秘：如何避免常见风险？

国内猎头公司和客户合作普遍采取的是结果付费模式，由于不用支付定金，因此企业会同时启用很多家猎头渠道。这不仅在无形之中加剧了猎头行业的内卷，也造成了猎头公司和企业之间存在天然的不对等。

因此，在合作的过程中，不少企业的猎头协议条款对猎头方面是非常不友善的，有失公平性，甚至可以说是不合理的。例如，没有预付金，候选人试用期离职全额退款，违约赔偿五花八门……为此，我总结梳理了客户委托猎头协议中常见的6个陷阱，遇到这样的合同条款，猎头一定要谨慎。

客户合同的6大常见陷阱

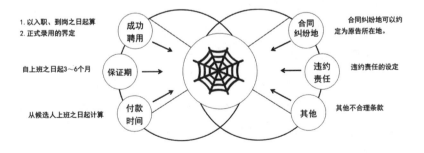

陷阱一：成功聘用

一旦候选人成功入职，一定要注意两点。第一，要以入职、到岗之日起算，而不是以签订劳动合同的日期计算。由于劳动合同的签订涉及企业内部的管理流程，这是猎头无法控制的。而且，《中华人民共和国劳动法》规定，从员工入职起，劳动合同的签订期限是1个月内。第二，正式录用的界定。除了正式员工，顾问、咨询等任何形式的合作都视为正式录用。企业方跟人选谈到最后，以其他形式合作了，这种情况也很常见。如果合同中没有界定清楚，那么猎头大概率是收不到服务费用了。

陷阱二：保证期

自上班之日起计算，保证期通常是3～6个月，不要以候选人转正日期计算。因为企业存在延长候选人转正时间的情况，另外，候选人转正的信息，猎头不好掌握。

陷阱三：付款时间

付款时间，正常应该是从候选人上班之日起计算，不能从签订合同之日起计算。道理和成功聘用那条是一样的，猎头不可控，客户自由操作空间大，比如，迟迟不签订合同。另外，对于分批付款的情况，也要按照猎头保证期的时间来计算，同样不能按照候选人转正日期计算。

陷阱四：合同纠纷地

猎头合同中大多数合同纠纷地都是甲方所在地，这种情况下，一旦发生纠纷，就可以降低企业的成本。此外，在异地某种程度上也会降低猎头起诉的概率。所以，合同纠纷地可以约定为原告所在地。

陷阱五：违约责任

对于企业转嫁给猎头的违约责任一定要谨慎，而且有的违约责任并不属于猎头的服务范畴，或者并非猎头的服务过错，这也是猎头无法掌控的因素。比如下面这则条款：

"乙方为甲方寻猎人才必须保证合法合规性，如若因乙方为甲方寻猎人才、人才入职甲方从事工作，导致与第三方发生纠纷，所有责任由乙方承担，包括但不限于各种诉讼纠纷应对及产生的一切费用，且甲方有权向乙方追加赔偿。"

该条款的陷阱在于候选人入职甲方后与第三方发生的纠纷，并不是乙方的服务范围，诉讼费及追加赔偿的要求显然极不合理。

陷阱六：其他不合理条款

"在本合同有效期内及期满之后，乙方不得对甲方现有员工提供就业信息，不招募或为他人招募甲方现有的员工，并不得搜集或提供甲方现有员工的资料给第三方，不得接受甲方员工的求职申请，否则视为违约。"

上述条款中，在合同有效期内猎头不允许挖客户公司的人合情合理，但"合作期满或者双方解除合作关系之后"的限制条款显然是不合理的。

上述六种情况是猎头服务合同中常见的一些陷阱，由于每家企业的猎头合同条款都不一样，因此还有很多潜在的陷阱需要猎头自己在实际工作中识别。

那么，当猎头遇到合同条款问题，与客户产生分歧以及法律纠纷时，应该怎么应对呢？

我认为，在处理的过程中遵循以下原则，可以让猎头以更好的姿态去面对和处理纠纷。

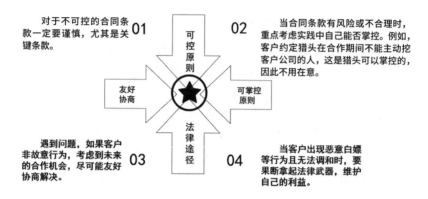

猎头在处理与企业之间的纠纷时，需要综合考虑多种因素。应当保持冷静、理性，积极沟通协调，要采取适合、经济的解决方法，一定不能由着性子来，情绪化处理问题。

9.4 法律纠纷中的证据收集策略

当出现纠纷时，无论情况多棘手，首先要保持情绪上的稳定，以平和的心态去面对。比如，面对客户隐瞒候选人薪资金额，甚至与候选人串通绕过猎头公司，达到不支付服务费的目的等情况，首先要做的就是调整好情绪，以理智、平和的心态去解决冲突。在必要的情况下，一定要果断拿起法律的武器，维护自身的利益。

通过法律途径解决纠纷的操作思路以及注意事项如下。

1. 法律纠纷中的关键证据

在解决纠纷的过程中，证据的收集非常重要，要保留与纠纷相关的所有文件、记录等证据。

猎头的合同纠纷并不复杂，对猎头来讲，主要收集好5个关键证据。

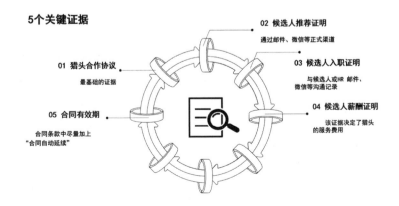

（1）猎头合作协议。任何形式的合作都应建立在协议基础上，协议也是最有效力的法律文件之一。

（2）候选人推荐证明。邮件、微信等正式渠道都具备法律效力，如果是微信，那么还需要证明微信使用者的身份。微信渠道有时是需要公证的，但大部分情况不需要。

（3）候选人入职证明。可以从与候选人或 HR 两方的邮件、微信等渠道收集证据。如果有些客户刻意隐瞒，那么法院可以直接调取候选人的社保证明。所以，只要候选人已经入职客户公司，这项证据的收集难度不大。

（4）候选人薪酬证明。这项证据决定了猎头的服务费用，非常关键。猎头可以通过候选人和 HR 两个端口获取录用通知。即使没有正式的书面 Offer，能通过微信聊天记录获取候选人的薪酬信息也是可以的。但实际操作中，薪酬证明的收集有时会比较难，尤其是在客户恶意不付款或是客户同候选人串通好的情况下。不过，最终客户也是需要提供社保证明或者薪资发放证明的，只不过可能提供的金额跟实际薪酬不符。

（5）合同有效期。猎头服务一定要在合同保证期内，合同条款中尽量加上"合同自动延续"的条款，避免因双方忘记续签合同，导致服务不在有效期内。

在满足合法性和真实性的前提下，录音证据可作为以上基础证据的补充说明。为此，猎头在准备证据的时候，最好二者结合起来，这样会更加全面，法律效力更强。

2. 法律纠纷中需要注意的细节

发生法律纠纷时,除了关键证据外,猎头方还需要注意以下两个细节。

(1)正式起诉之前,建议先发催款函,催款函中一定写明滞纳金。

律师函和催款函是有区别的。催款函没有上升到法律层面,猎头顾问自己发就可以,没有成本。以我的经验,催款函和律师函在猎头行业起到的作用是差不多的,对客户都会有提醒和威慑作用。至于是否需要发律师函,就需要自己斟酌了。我过往的经验是,先发催款函,不行的话直接走法律途径。发了催款函后,客户立即付款的情况还是比较多的。

(2)诉求达成。作为猎头公司,我们不但可以要求企业支付合理的猎头服务费用,涉及延迟付款的滞纳金,以及跟诉讼有关的费用(如诉讼费、律师费等),也是有权利争取的。

9.5 客户拖延付款怎么办？

由于猎头服务实践中的业务场景比较多，因此关于猎头服务费用的矛盾焦点也是各种各样。本节我们就主要针对导致猎头服务费用纠纷的场景进行探讨。

客户没说不支付，但就是拖着迟迟不给。这是令很多猎头顾问颇为头疼的问题，如果不幸遇到这种情况，猎头顾问应该怎么处理呢？下面来看一个案例。

这是一家总部在北京的手术机器人公司，2022年，我们成功推荐了一名人工算法专家，徐博士。按照协议规定，候选人在入职的一个星期内，客户应该支付70%的首款；候选人入职3个月后，支付余下的30%的服务费用。但是当候选人入职第4个月时，客户仍然没有支付款项。这让我们很不解，因为在过往成功的案例中，该客户都是及时付款的。经过跟招聘总监深入沟通，了解到客户对候选人的表现不是十分满意，有顾虑，主要是候选人在这3个多月中的工作没有实质性的进展，故客户将候选人的试用期从3个月延长到了6个月。

基于这种情况，我们跟候选人进行了沟通。候选人表示工作中跟各个部门之间的协调不顺畅，有些部门不配合，导致进度缓慢。我们把这个信息反馈给了客户，并传达了候选人本人会想办法加强跟各个部门的沟通、提高工作效率，同时请领导协助配合等改进措施。另一方面，我们也表明，合同中规定是在候选人入职 3 个月后支付尾款，跟候选人试用期是否转正没有关系。

经过与企业的友好沟通，最终企业在一周内就支付了余下的猎头服务款项。

拖延付款的常见原因包括以下 8 点。

01 合同条款不明确
合同条款不明，可能会导致客户对服务范围、支付条款存在不同的理解，从而拖延付款。

02 服务未达预期
如果客户认为猎头服务没有达到预期，可能会以各种方式拖延付款，包括提出争议、要求修改合同等。

03 内部财务问题
客户的财务状况也会影响款项的支付。如资金问题、预算限制等因素。

04 市场变动
市场发生变动，如经济环境的不确定性可能会导致客户更加谨慎地管理现金流。

05 客户内部管理
例如，审批流程长、领导出差等客观存在的问题。

06 沟通不畅
沟通不畅会导致误解和不满，从而影响款项的支付。

07 不想付款
赤裸裸的赖账行为。

08 其他因素
例如，客户对候选人不满意、担心离职风险，等等。

当猎头遇到客户拖款问题时，首先需要积极与客户沟通，深入了解具体情况，搞清楚拖款背后的真实原因，切忌主观、无依据的判断，否则很可能会导致问题进一步恶化。

找到原因以后，下一步就是根据实际情况采取合适的策略。针对上述 8 点原因，具体的应对策略如下。

（1）与客户沟通时，可以采取电话、邮件、微信等方式，要保持礼貌、专业，并且要留下书面记录。

（2）如果是由于合同条款不明确而导致双方对条款的理解有不同的理解，就应该与客户进行充分的沟通，重新审查与客户签订的合同，确保合同中明确规定了服务范围、支付条款和违约责任等相关内容。

（3）如果是因为客户内部财务资金情况以及市场情况的变动，而导致客户更加谨慎地管理现金流，那么可以考虑采取适当宽松的收款策略，比如，可以给予一定的折扣或优惠来激励客户付款。

（4）如果是客户故意不想付款或者持续拖延付款、周期很长，并且合同条款明确，就可以考虑走正规法律途径来解决。

总之，当客户拖延付款的时候，猎头一定要保持冷静、理性，先搞清楚问题的症结出在哪儿，然后再采取合适的应对措施，以确保自身的权益得到保障。同时，也要不断总结经验教训，提升服务质量和收款策略。

9.6 候选人试用期离职,客户不付款怎么办?

客户对候选人不满意,或者担心候选人离职,就会出现迟迟不付款的情况。这种情况比较棘手,猎头与企业双方都是有苦难言。

从客户的角度讲,候选人刚来没几天就走,即便工作了1～2个月才离职,很多客户也不愿付款;从猎头的角度讲,虽然候选人是在试用期离职的,但猎头已经提供了服务,付出了大量的时间、精力。这种情况下,明确的合同条款就显得非常重要。根据猎头服务合作协议的常规约定,这种情况一般是继续补人,或是退还一部分猎头费用。

按理说,在补人的过程中,客户应该支付之前的费用,但实际情况则是很少有客户会付款。

下面我们具体看一条合同条款:

"保证期。乙方推荐的人员在甲方任职上岗后,保证期为3个月。若因候选人问题,在乙方提供服务的保证期内离开公司,乙方将免费为甲方提供一次相同职位的人才服务,并尽力促使被推荐的候选人能被成功聘用。"

根据该合同条款,无论候选人入职后哪一天离职,客户都应该按照合同支付款项。在支付的过程中,猎头应继续为企业寻访该职位的候选人,直至被企业录用。该合同条款只是补人,没有退款之说,所以,企业必须按照合同条款支付费用,而猎头也必须再次成功为企业推荐相同岗位的人选。

再看一条合同条款：

"乙方推荐的候选人根据受聘的职级担保期分为3个月，自候选人入职之日起计算。若甲方所聘用的乙方推荐人选入职后，在保证期内离职（主动或被动），如乙方未寻访到合适候选人替代，乙方承诺将已经收取的服务费用于冲抵合同期内其他成功招聘职位的相应金额服务费。如果合同期满或甲方停止招聘双方未再有成功招聘的职位而造成无法冲抵，则乙方承诺在合同终止日起15个工作日内将已经收取的该职位的服务费的50%退还给甲方。"

同上个条款的情况基本相同，如果在甲乙双方合作期间，候选人于试用期离职，那么甲方须履行付款，乙方继续访寻职位。直到合作终止，如果乙方仍然没有找到替补人选，则需要退还已经支付猎头费用的50%，这也是比较合理的。

关于候选人离职的问题，我们讨论一种比较极端的情况。候选人入职不到一星期就离职了，甚至时间更短，这种情况下客户大概率是不愿意付款的。这时候，猎头顾问应该怎么处理呢？

思路其实很简单，就是从生意的角度讲，综合过往同该客户的合作情况，考虑未来是否继续跟该客户合作。

如果想继续合作，就不用纠结付款问题了，否则会影响后续的合作关系。索性跟客户说："按合同条款是应该付款的，但考虑到未来会长期合作，我们继续找人，暂时可以不支付服务费用。"

如果不想继续和该客户合作了，那就没必要浪费时间去补人了，直接向客户争取服务费用，按照"协商—发催款函—法律程序"这几个步骤执行就可以了。在关键问题上，猎头顾问应该有这样的果断和坚决，毕竟也要考虑时间成本和投入成本。

猎头与客户之间签订的合同是确定双方权利和义务的重要文件，合同中通常会明确约定支付条款、服务范围、保证期限等内容。因此，如果合同中明确规定了试用期离职的支付条款，那么客户就应按照合同约定支付相应的费用；如果合同中没有明确规定试用期离职的支付条款，那么猎头公司可以与客户协商解决。双方可以根据具体情况，综合考虑服务的质量、候选人的工作表现、试用期离职的原因等因素，通过协商达成一致意见。

在这个问题上，再一次证明了合同协议的重要性。如果没有明确的付款规定，猎头通常是比较被动的。

9.7 客户要求试单,猎头要接受吗?

国内外的猎头市场有很大不同,预付款和试单是比较典型的两个方面。

在国外,企业决定启用某家猎头公司作为供应商,双方的合作协议一签,企业就会支付一定比例的费用作为预付款。这一点在国内是不多见的。国内的猎头市场,往往是先服务后收费,等猎头为企业找到合适的人选,企业再支付服务费。

与"预付款"性质差不多的,还有"试单"。国外没有试单的说法,但在国内的猎头市场,部分客户为了避免出现猎头公司签约后无人推荐的情况,会提出"先试单,再签约"的要求。

也就是说,猎头虽然已经为企业服务了,但是连一份合同都没有。这就导致猎头的权益没办法得到很好的保证,很多猎头顾问纠结的原因也在于此。没有合同的约束,一旦有了纠纷,到时候就很难说理了。但是,如果不接受试单,就意味着双方没有合作的可能。

遇到这种情况,猎头该怎么办呢?我的建议是,尽可能把握住机会,接受试单。具体原因如下。

第 9 章 猎头合同中的常见问题与执行技巧

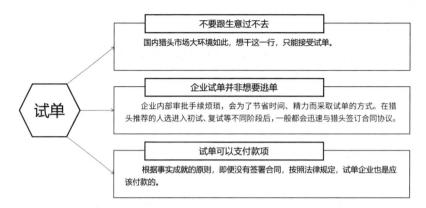

我认为,无论是从开发客户的角度考虑还是从实际收益的角度考虑,试单都是可以接受的。但在试单之前,猎头顾问一定要做好两项准备工作。

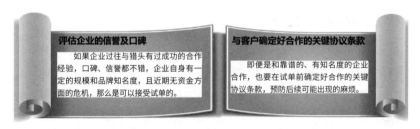

总之,猎头跟企业合作前要尽量签订正式的合作协议。但如果觉得与客户合作是笔很好的生意,或者猎头目前业务量严重不足,那么试单也是可行的。顺便提醒下,前两周是合作的黄金期,猎头顾问需要兼顾推荐的人选质量、数量的平衡,以及客户的服务体验,否则很可能随时被淘汰出局。

9.8 售后服务：候选人试用期的全程跟踪

在很多人看来，帮企业和候选人牵好线，搭好桥，双方合作了，猎头顾问的工作也就结束了。但实际情况并非如此，猎头这行是有售后服务的。在候选人入职新岗位后，猎头顾问还需要做好后续的跟踪服务。也就是说，猎头顾问要确保候选人顺利度过试用期，和新东家产生良好的化学反应。

对猎头顾问来说，这是一项非常重要的收尾工作，而且是关系到整个服务链成败的关键一环。

猎头行业有一个约定俗成的规则：保证期。通常情况下，专业、正规的猎头公司与企业签订的业务合同里，会约定对候选人的保证期。保证期不同于试用期，但大多数都按照试用期的期限来定，也有例外情况。

在保证期内，如果候选人离职了，猎头公司要么全额退款，要么部分退款，或者是用其他岗位替补……具体如何操作要根据合同约定。

猎头顾问不仅要将双方撮合到一起，还要确保他们顺利度过适应期，这样才算完成了整个服务流程，否则是拿不到全额服务费的。

试用期是新员工离职高峰期之一，以下是中高端人才入职之后较为容易离职的几个时间节点。

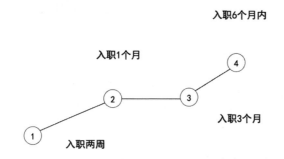

面对全新的环境,双方都需要适应和磨合,一旦有一方感觉不对劲,就会出现一拍两散的情况。为此,在试用期内,对候选人的动态及时跟踪反馈、协调管理,做好后续服务工作是非常重要的。

候选人在试用期离职,分为主动离职和被动离职两种情况。如果候选人是主动离职,那么很大可能是企业这边造成的。反之,被动离职的话,问题则往往出在候选人身上,如岗位不胜任、性格欠缺,严重违纪违规等。

综合来看,导致候选人试用期离职的主要因素有8个,这也是猎头顾问应该跟踪和关注的方向。

候选人试用期离职的因素

如果猎头顾问能及时发现问题，做好候选人试用期跟踪工作，那么在一定程度上就能大大降低候选人离职的概率。

猎头对候选人试用期跟踪的重点集中在以下4个方面。

（1）工作适应情况。猎头需要关注候选人是否适应新的工作环境和团队文化，包括与同事的沟通合作、对工作流程的理解以及工作习惯等。

（2）工作绩效。猎头需要定期了解候选人的工作表现，包括任务完成情况、工作质量、工作效率等，以评估候选人是否满足企业的期望。

（3）培训与发展。猎头需要关注企业是否为候选人提供了必要的培训和支持，以帮助其更好地融入团队和发挥能力。同时，猎头也需要关注候选人的个人发展计划和职业目标，以提供进一步的职业指导和建议。

（4）试用期满意度。猎头还需要关注候选人的满意度，包括对工作内容的满意度、对团队和公司的认同感等。这有助于猎头了解候选人的心理状态，以便及时提供心理支持和疏导。

通过多年与候选人交流沟通，我总结了几个跟踪候选人的方法。

跟踪候选人试用期的方法

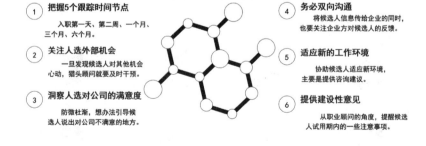

1. 把握 5 个跟踪时间节点

从候选人入职的第一天,就要行动起来。通常情况下,跟踪行动的时间节点为:入职第一天、第二周、一个月、三个月、六个月。

在跟踪这项工作上,一定要主动,等到候选人或客户通知猎头要离职或已经离职的时候,就晚了!

2. 关注人选外部机会

一般来说,有看机会想法的候选人,会同时接触几家猎头公司。即便候选人已经入职,在此期间也不排除其他猎头随时会提供更好的选择。这时猎头顾问一定要及时察觉,晓之以理、动之以情地摆事实、讲道理,或许能打消候选人"骑驴找马"的念头。

3. 洞察人选对公司的满意度

入职一个月左右,候选人通常对公司各方面已有了初步的了解。如果工作内容、领导风格等方面跟自己的期望不相符,候选人则很容易动摇,产生走人止损的念头。这里存在一个技术难点,那就是候选人即使有了想法,很可能也不会透露给 HR 或者猎头,毕竟还在公司上班。

我认为,猎头顾问可以采用逆向思维来分析。如果候选人整体表达对公司的高度认可,那么基本上问题不大。反之,如果候选人表达得模棱两可、支支吾吾,这时猎头顾问就要提高警惕了。

总之,一定要打破砂锅问到底,想办法引导候选人说出对公司不满意的地方,做到防微杜渐。

4. 务必双向沟通

在将候选人的动态和想法传递给企业人力资源部门的同时，也要了解人力资源部门及公司业务部门对候选人整体表现的客观评价。同时，建议人力资源部门跟候选人谈话、了解情况，不能存在人选招聘进来就丢给业务部门，自己撒手不管的现象。

候选人李先生是一名AI资深算法工程师，入职公司一周后，在我们顾问回访的时候，候选人抱怨公司算法技术是外包出去的，自己不做。顾问的第一反应是不可能，于是立刻将信息反馈给了人力资源部门，人力部也很惊讶，算法是公司的核心技术，不可能外包出去。于是，人力部马上跟候选人沟通解释。经过沟通才知道，原来业务领导让候选人找外包公司，是分包一部分传统的测试技术。虚惊一场，一场误会就此解开。

5. 适应新的工作环境

提醒候选人尽量不要拿着上家公司的工作模式与新公司比较，要尽快适应新的工作模式。

6. 提供建设性意见

猎头应从职业顾问的角度，提醒候选人试用期内的一些注意事项。比如，学会观察、重视日常的工作汇报、遵守公司的规章制度、保持谦虚的态度、多跟同事沟通等。在一定程度上能解决刚进入一个新环境时面临的常态问题。

另外，候选人在试用期内也可能会遇到个别无法抗拒的因素，如出差、外派、个人家庭变化等。这些情况都需要猎头顾问及时察觉,才能化被动为主动,及时找出对应的解决方案。

总之,一定要重视候选人试用期跟踪这个环节,避免出现"收钱走人"的情况,否则会给客户、候选人及背后的猎头公司造成损失,这是不专业的表现。

Chapter 10
第 10 章

20 年创业辛酸史：我被企业少支付了数百万元服务费

10.1 企业逃避付费套路大起底

很多行业都存在客户收货后找理由不付款的问题，猎头行业也是如此，尤其是近几年经济大环境不好，这种现象越来越多，让不少猎头顾问苦不堪言。我在过去 20 多年从业生涯中也因此少赚了数百万元。

猎头行业常见的合作后客户拒不付款的问题，主要体现在 6 个方面。

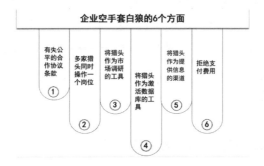

1. 有失公平的合作协议条款

国际猎头采用的是"过程收费"模式，客户是需要先支付预付金的，而国内采用的是"结果收费"模式，事情办完了再给钱。事实上，国内的猎头市场原本并不是这样的。

猎头在 1926 年诞生于美国，直到 1993 年才开始在中国出现。在 20 世纪 90 年代和 21 世纪初，外资企业在中国的发展势头很好，在人才市场占据着较大的需求比重，而且他们对猎头群体也比较认可。所以，当时猎头服务的绝大多数是这些外资企业，合同通常也是遵守国际猎头规则，比如，签订合同时就会支付20%～30%的预付金，候选人上班后客户一次性支付剩余款项。在这种合作模式下，当时双方的认可度远比现在要高。

真正高质量的合作往往建立在共赢、互利的基础上，想得到优质的服务，就应该从企业自身先做起，如少点不劳而获的想法。

2. 多家猎头同时操作一个岗位

企业委托给猎头的岗位通常都是高端、紧急、难度较大的岗位，这很正常，而且也是猎头价值所在。然而，一些企业无论招聘什么样的岗位，都采用广撒网的模式，同时开放数十家甚至上百家猎头去做。

对企业来说，反正不需要支付预付金，让猎头公司自己"卷"，自己坐收渔利。但对于猎头来说，最终成单的只有一家，其他的猎头都相当于白干了。

3. 将猎头作为市场调研的工具

一些企业找猎头合作的动机毫无诚意，并不是想通过猎头找人，而是在新业务开展之初，以猎头访寻的名义，跟行业内优秀人选了解市场情况以及行业内人才情况。简单说，就是将猎头当成市场调研的工具，而且是免费的。

4. 将猎头作为激活数据库的工具

如今，很多大企业都比较重视内部人才库的建设。如果猎头推荐的人选早已在企业的人才库中，那么这一单就不算猎头的，通常会在24小时内告知猎头情况。只要合作前事先讲清楚规则，这当然是没有问题的，但如果企业出现以下两种情况，就属于空手套白狼的行为。

第一，猎头推荐人选后，HR根据人选的核心信息先到外部网络搜索，搜索到后，告知猎头已有该人选。

第二，该人选已"尘封"在公司数据库里很久，是典型的"死资源"，或者人选之前明确拒绝了企业的邀请，是猎头顾问持续跟踪和沟通之后，为企业成功"激活"了该候选人，但HR却告知猎头顾问早就接触过该人选了。

5. 将猎头作为提供信息的渠道

部分企业在猎头推荐候选人后，即使候选人合适，企业也不面试，而是找理由淘汰候选人。甚至在终试结束后，故意告知猎头人选不合适，然后企业私下联系候选人。这种故意绕过猎头的行为在业内非常普遍。

6. 拒绝支付费用

企业可能会在候选人成功入职后，以各种理由拒绝支付猎头费用，这就属于赤裸裸的空手套白狼行为。

需要强调的是，以上并不一定都是企业故意欺骗猎头公司的行为，有些时候是企业对猎头服务存在误解等。因此，在与猎头公司合作时，建议企业明确约定服务范围、费用和支付方式等条款，并确保合同中包含保护双方权益的条款。同时，猎头公司也需要加强对企业的了解和沟通。

10.2 空手套白狼黑幕：
企业串通候选人不劳而获行为大揭秘

猎头是为企业和候选人双方服务的，而且在整个流程中始终处于被动地位，这也是猎头生意难做的原因之一，充满着不确定性。占猎头便宜的不仅仅是企业，有些候选人也会参与其中，双方联手上演空手套白狼的戏码。

案例

我们公司服务的一个客户，公司总部在贵州省，从事酒业的生产和研发，委托我们访寻一位销售公司的总经理，年薪范围在300万~500万元。

这种总经理级别的候选人可谓是稀有人才，顾问从公司人才库找到了候选人毛先生。经过一番沟通，了解到毛先生当时处于待业状态，已有半年时间，正在积极寻找外部机会。

推荐给客户两周之后，客户通知顾问约候选人进行初试，并建立了客户、候选人、猎头顾问的面试沟通安排群。初试结束后，客户告知顾问，候选人级别不够，不适合该岗位，并表示公司要进行架构调整，所以该岗位暂停招聘。

就这样过了三个月，当我们的顾问再次跟候选人进行常规沟通，了解其当下的状态时，候选人毛先生竟然说自己已经在该客户公司上班，但不是正式入职，是以合作的方式，并且没有说薪酬。

第 10 章 20 年创业辛酸史：我被企业少支付了数百万元服务费

顾问就此事多次同客户联系，对方 HR 刚开始是不回信息，后来回复的内容和候选人口径一致，说是双方合作，没有薪酬。

由于不符合常理，顾问又做了调查。通过候选人前同事圈子得知，候选人的确去了该客户公司担任销售公司总经理职务，并且带过去好几个下属组建团队。

推荐之前，候选人明确表示，薪酬不能低于 300 万元，也就是说，这一单的猎头服务费在 60 万元左右。

上述案例是比较典型的企业串通候选人空手套白狼的行为。在实际操作中，空手套白狼的方式通常有两种。

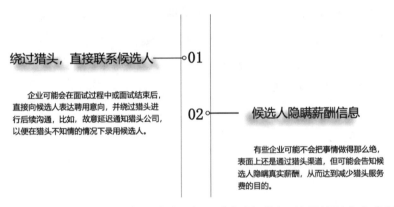

类似情况，从业多年的猎头顾问一定都遇到过。这类情况确实难以完全杜绝，只能是尽力避免，其中有两个需要注意的地方。

第一，尽量不要直接将候选人的联系方式提供给客户，诸如面试、沟通等相关事宜，由猎头方对接和安排。如果客户多次旁敲侧击，或是直接问猎头要候选人的联系方式，这种情况就要多个心眼，尤其是对于那些口碑不太好的客户。

第二，对已经推荐给客户的候选人，即使被客户通知淘汰了，后续也要持续跟踪，关注其状态。在上述案例中，我们顾问就是通过再次跟踪候选人，才得知了真相。

事实上，很多客户也是因为部分猎头顾问不会对候选人进行后续跟踪，所以才敢使用这种套路。

猎头为企业提供人才寻访服务，往往要投入大量的时间、精力和资源，并不是大家想象得那么简单。推荐一个候选人过去，很可能是筛选了几十个甚至是上百个人，是打了无数次电话，吃了无数个闭门羹才换回来的。为此，理应获得相应的报酬。

而且，企业的这种行为不仅违反合同和职业道德，对企业自身的声誉和长期发展，很可能也会产生负面的影响。毕竟圈子就这么大，而且人才的引进是长期、持续的，不是一锤子买卖。

所以，真心希望企业和候选人，能够尊重猎头顾问的付出，正视猎头在促成双方合作过程中的价值。

10.3 激活数据库的空手套白狼行为，猎头应该如何防备？

企业一般都有自己的中高端人才数据库，但在与很多企业合作的过程中，我发现大部分企业对内部人才库的利用率并不高，仅仅是人才数量的堆积，并没有很好地利用和激活，导致人才数据库成了"人才死水池"。

在这种情况下，部分企业 HR 急中生智，试图通过猎头激活内部人才库，还不用支付猎头服务费用，可谓一举两得。这也是企业拒付服务费的一种普遍手段。

案例一

2022 年 8 月，某猎头公司给甲方推荐了一个人选。说人选通过了面试，当时甲方发了 Offer，人选没有接。后来，甲方一直没有找到合适的人选，该猎头公司在 2022 年年底再次推荐，甲方于 2022 年 12 月 21 日发了第二次 Offer，入职时间是 2023 年 2 月 1 日。人选因为个人原因，再次放弃了。

2024 年，人选找到该猎头公司说还想再看机会，于是该猎头公司第三次推荐了该人选。由于甲方那边的 HR 换人了，新的 HR 说在公司的数据库里看到过这个人选信息，也打过招呼，所以猎头公司这次推荐不算在有效期之内。

案例二

2022年我们服务过一个客户,是国内某知名AI医疗公司,总部在上海,专注手术机器人的研发。访寻岗位为机器人算法专家,岗位年薪在200万元左右。

顾问推荐的候选人张博士,是客户直接对标公司的目标人选。推荐过去两个星期之后,HR告知我们该候选人在一年前已经被别的猎头公司推荐过。虽然已经过了那家猎头供应商的保护期,但公司数据库里已有候选人,所以不能算我们的业绩,不能支付猎头服务费用。

不得不说,这种做法确实高明,利用第一家猎头公司建立人才数据库,再利用其他猎头激活人才库,从而免支付猎头服务费用。一个月后,企业录用了该人选,Offer年薪为220万元,猎头服务费将近50万元。

虽然被HR告知不算猎头的业绩,但与该企业签订的合同条款有如下规定。

甲方发现乙方提供的人才资料有与其他渠道此前所提供的资料重合的情况时,应在收到乙方资料后48小时内(且没有面试前)以书面形式或者邮件通知乙方,否则应被视为认可;如该人才被甲方成功聘用,则甲方应按合同规定支付乙方相应的服务费用。

最终,企业还是支付了50万元的服务费用。

如果企业利用猎头进行人才库激活,但拒绝支付猎头服务费用,一般情况下,猎头可以考虑采取以下措施。

01 重新审视合同
确保猎头公司与企业的服务合同中明确规定了双方的权利和义务，规避合同中的漏洞或不明确的地方。

02 沟通协商
如果企业由于误解或疏忽而没有支付费用，通过友好协商，完全可以解决问题。

03 采取法律手段
如果企业故意拒绝支付费用，猎头公司需要通过法律途径维护自己的权益。

04 公开曝光
猎头公司可以通过社交媒体、行业论坛或新国媒体等方式曝光企业的不诚信行为，从而提醒其他猎企谨慎选择合作伙伴。

无论采取哪种措施，猎头公司都应该确保自己的行为合法、合规，并始终保持专业和诚信的态度。同时，在未来的合作中，猎头公司也应该更加谨慎地选择合作伙伴，并确保合同条款的完整性和明确性。

10.4 如何辨别猎头是否被企业用作市场调研工具？

猎头为企业提供专业的人才搜寻和招聘服务，其价值在于帮助企业快速找到合适的人才，并为其提供咨询、谈判、合同签订等服务。可以说，优秀的猎头顾问对人才市场的动态是非常熟悉的。

也正因如此，部分企业与猎头合作并不是想招聘优质的中高端人才，真正目的是将猎头当作市场调研的工具，通过猎头渠道了解行业趋势、竞争对手的情况、行业薪酬水平、福利待遇，积累人才资源，等等。这就要求猎头在跟企业合作的过程中仔细甄别，一旦发现相关迹象，就要及时止损。

通常情况下，当企业 HR 有以下行为时，猎头顾问就需要提高警惕，判断客户是否存在空手套白狼的倾向。

① 猎头推荐候选人之后，企业迟迟不反馈，或是面试了大量候选人都表示不合适，也不告知猎头不合适的理由，只是让猎头继续访寻候选人。

② 岗位需求不确定，变化频繁。招聘标准不一，甚至自相矛盾，感觉公司招人非常随意。

③ 对人选过于挑剔，迟迟不录用。企业面试过的人选，即便到了录用阶段，也会以各种理由不往前推进。有些企业指定目标公司的红花人选，最终又会以各种理由不录用。

📈 案例

我们曾经有个客户，是总部在上海的投资公司，成立于 2018 年，专注于消费品、新能源、人工智能、自动驾驶等领域。

第 10 章　20 年创业辛酸史：我被企业少支付了数百万元服务费

在与客户进行前期沟通的过程中，了解到招聘经理王女士属于投资公司的人力部门，辅助各个投资业务部门进行中高管招聘工作。投资业务部门每年有几十个中高管的岗位需求。

基于以上信息，我们感觉这家客户未来有很大的合作空间，很可能是潜在的大客户，于是投入了 5 个顾问，组成了专门服务该客户的项目组。

刚开始客户开放给我们三个岗位，分别是一家分公司的品牌总经理、销售总经理及运营总监职位。经过一个半月的访寻，我们统计了一下数据。

在整个服务的过程中，我们发现有些不对劲，主要体现为以下几点。

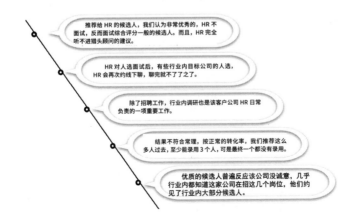

基于以上情况,我们怀疑该客户存在空手套白狼的嫌疑,只是想通过猎头做市场调研,故不再提供服务。

那么,如何避免被企业当作市场调研工具呢?猎头顾问通常需要采取以下几种措施。

01 明确合同条款
猎头公司可以在合同中明确规定雇主不能将其服务用于非招聘目的,否则需要承担相应的违约责任。

02 及时沟通
通过及时沟通,明确客户意图和需求,确保服务被正确使用。猎头不用明说,暗示对方即可。

03 终止合作
如果交流之后,客户并未做出改变,就可以考虑终止合作了,并要求客户承担相应的赔偿责任。

04 寻求法律援助
如果权益受到侵害,一定要果断寻求法律援助,维护自己的合法权益。

在这个问题上,其实我更希望企业能以正确的态度对待猎头群体。虽然猎头公司是乙方,但彼此仍然需要尊重。

一个行业的未来,是由这个行业内的群体共同打造的。猎头顾问需要努力提升自身的业务技能,作为被服务方的企业客户,乃至候选人,其实也应该同步做出努力,如此才能实现多方共赢,猎头行业才能更健康地发展。

10.5 高端岗位频遭空手套白狼，猎头应该如何应对？

猎头为企业访寻的通常都是中高端人才，这也是猎头顾问价值的体现，所以我在多年前就对公司的业务做了定位，专注操作中高端岗位。

目前，市场上的中高端人才岗位，薪酬大部分在50万～100万元之间，年薪100万元、200万元的占比并不高，年薪500万元，甚至是1000万元的岗位，更是可遇不可求。所以，当猎头顾问接到这类高端岗位委托的时候，往往都会非常开心。

在我个人过往的从业生涯中，基本是操作年薪百万以上的高端岗位，最高岗位曾打破了国内猎头行业纪录，候选人年薪税后1200万元。

中高端岗位是我们这行的发展趋势，未来客户委托猎头访寻的岗位，一定会越来越趋向于中高端，访寻难度也会越来越大。

这对专业性强的猎头顾问和平台来说是好事情，但一定要注意，这些年我感受较深的一点是，年薪500万元以上的高端岗位，更容易被客户空手套白狼，操作这类岗位更要谨慎。我认为，主要原因有两点。

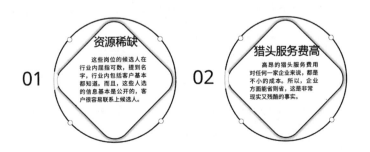

案例

2019年，当时我们公司正处于战略变革和转型期，为了精准定位，我再次深入一线，了解业务和市场情况。我进入了之前从未深入涉及，也不是太感兴趣的房地产行业。虽然公司已经做了十几年的房地产，但于我个人来说，很难对这个行业投入百分百的兴趣。

当时的一个客户是国内工业地产排名前五的公司，总部在北京。客户委托我们访寻一位集团副总裁。这是一个替换岗位，原副总裁在公司工作了20多年，即将要退休了。

通过对客户、岗位以及市场目标公司的分析，我定位了京津冀的5家排名较靠前的做工业地产的公司。沟通了10个人选，最终推荐了孟先生。当时他任河北最大的房地产公司工业地产事业部总裁，年薪800万元。

当我将孟先生推荐给客户后，客户感到很吃惊，下意识地问我："孟先生真的会考虑我们公司吗？"

我回答："是的，有意向。"

之后客户公司董事长表示，孟先生当时所在的公司的规模和体量不如自己的公司大，所以暂时不考虑孟先生了。

我当时跟孟先生沟通得比较充分，彼此印象很深，建立了很好的信任关系。大约一个月后，孟先生突然跟我说，客户公司的人力副总裁直接给他打电话，希望他能加入公司。

原来，我将候选人的推荐报告发给客户之后，客户方面就知道了孟先生是谁，并通过朋友找到了孟先生的联系方式。

这是企业空手套白狼的常用套路之一。后来，客户给了孟先生Offer，入职年薪为860万元，略有涨幅。

根据协议规定以及跟客户过往合作的情况，考虑到未来合作的空间较大，最终通过与客户的一番协商，猎头服务费用打了8折，收取了80万元（协议规定猎头服务费最高收费上限为100万元）。

类似这样的案例，在实际操作中还是比较多见的。越高端的岗位，在操作时越是要谨慎小心。下面分享几条我在这方面的应对经验。

1. 制定明确的服务合同

通过明确的合同条款，包括服务范围、费用结构、付款方式等，确保企业了解猎头服务的具体内容和费用标准。

如果双方已经合作，但服务合同并没有完善好，存在漏洞或是不明确的地方，就可以考虑通过与客户沟通协商、重新确定合同条款，甚至是与客户重新签订合同或签订补充协议。总之，要尽可能在合同上确保自身的权益。

2. 提供多元化的服务套餐

我经常对团队顾问说，真正的猎头顾问能提供的价值远远不止于找人。不管是对客户还是对候选人，猎头是可以提供很多服务的，如招聘咨询、市场调研、面试辅导等。

通过这些增值服务，能够大大提高客户对猎头服务的认可度，让客户觉得给猎头支付费用是值得的，以此降低被空手套白狼的概率。

3. 定期提供招聘报告和反馈

猎头要建立定期汇报的机制，定期向客户提供招聘进展报告和候选人反馈，分享招聘过程中的关键信息，展示服务的实际成果，增强透明度和信任度，让客户感受到猎头服务的实质性价值。

4. 精准定位目标客户群体

选择什么样的合作对象，在很大程度上决定了会有什么样的合作结果。与优质的、口碑较好的客户合作，被空手套白狼的概率就会相对较小。所以，明确目标客户，减少与不合适的企业合作，还是很有必要的。

5. 建立长期紧密合作关系

猎头顾问可以通过提供长期合作的优惠政策，吸引客户建立稳固的合作关系；或是提供定制化服务，满足客户特定需求，以区别于其他招聘途径。方法不唯一，总之就是要想办法与客户建立深度合作关系，提高客户对我们服务的信任度、依赖度。

6. 向上管理，强化合作理念

所谓向上管理，就是主动去管理客户，通过有效的手段、合理的方式和及时沟通，向客户传递双方合作的理念，尽可能使其深刻理解合作的重要性，认识到猎头服务的价值。

以我多年实践的经验来看，上述方法和建议，如果能够做到位，就可以大大降低被客户空手套白狼的概率。

兵来将挡，水来土掩，不要畏惧挑战，如果客户绕过猎头直接联系猎头推荐的高管候选人，猎头有必要采取合适的措施来维护自己的权益和利益。